ENTRE CHATS

Infographie : Luisa da Silva

**Catalogage avant publication de
Bibliothèque et Archives Canada**

Johnson-Bennett, Pam

    Entre chats :
    les hauts et les bas de la cohabitation féline

    1. Chats – Mœurs et comportement.   2. Chats – Psychologie.
I. Titre.

SF446.5.J6314 2006   636.8   C2006-941101-8

Pour en savoir davantage sur nos publications,
visitez notre site : www.edhomme.com
Autres sites à visiter : **www.edjour.com**
www.edtypo.com • www.edvlb.com
www.edhexagone.com • www.edutilis.com

06-06

© 2004, Pam Johnson-Bennett

Traduction française :
© 2006, Les Éditions de l'Homme,
une division du groupe Sogides
(Montréal, Québec)

L'ouvrage original a été publié
par Penguin Books, sous le titre
*Cat vs. Cat : Keeping Peace When You
Have More Than One Cat*

Dépôt légal : 2006
Bibliothèque et Archives nationales du Québec

ISBN 10 : 2-8904-4745-6
ISBN 13 : 978-2-8904-4745-5

DISTRIBUTEURS EXCLUSIFS :

• Pour le Canada et les États-Unis :
  MESSAGERIES ADP*
  955, rue Amherst
  Montréal, Québec H2L 3K4
  Tél. : (514) 523-1182
  Télécopieur : (450) 674-6237
  * Filiale de Sogides ltée

• Pour la France et les autres pays :
  INTERFORUM
  Immeuble Paryseine, 3, Allée de la Seine
  94854 Ivry Cedex
  Tél. : 01 49 59 11 89/91
  Télécopieur : 01 49 59 11 33
  Commandes :   Tél. : 02 38 32 71 00
                    Télécopieur : 02 38 32 71 28

• Pour la Suisse :
  INTERFORUM SUISSE
  Case postale 69 - 1701 Fribourg - Suisse
  Tél. : (41-26) 460-80-60
  Télécopieur : (41-26) 460-80-68
  Internet : www.havas.ch
  Email : office@havas.ch
  DISTRIBUTION : OLF SA
  Z.I. 3, Corminbœuf
  Case postale 1061
  CH-1701 FRIBOURG
  Commandes :   Tél. : (41-26) 467-53-33
                    Télécopieur : (41-26) 467-54-66
                    Email : commande@ofl.ch

• Pour la Belgique et le Luxembourg :
  INTERFORUM BENELUX
  Boulevard de l'Europe 117
  B-1301 Wavre
  Tél. : (010) 42-03-20
  Télécopieur : (010) 41-20-24
  http://www.vups.be
  Email : info@vups.be

Gouvernement du Québec – Programme de crédit
d'impôt pour l'édition de livres – Gestion SODEC –
www.sodec.gouv.qc.ca

L'Éditeur bénéficie du soutien de la Société de développement des entreprises culturelles du Québec pour son
programme d'édition.

Nous reconnaissons l'aide financière du gouvernement
du Canada par l'entremise du Programme d'aide au
développement de l'industrie de l'édition (PADIÉ) pour
nos activités d'édition.

Pam Johnson-Bennett

ENTRE CHATS
Les hauts et les bas de la cohabitation féline

Traduit de l'anglais
par Danièle Bellehumeur
et Patrice Lepage

. . . .

Introduction

Les chats sont les animaux de compagnie préférés en Amérique du Nord. Nous sommes nombreux à partager notre vie avec plusieurs félins, et pour cause! Les chats sont des êtres merveilleux, propres et calmes; certains se plaisent à vivre uniquement à l'intérieur et tous font naturellement leurs besoins dans un simple bac à litière. Comme il est facile de succomber à la tentation d'en adopter un, puis un deuxième, puis un autre! Cependant, soyons honnêtes : il est parfois difficile de vivre avec plusieurs de ces bêtes. Un chat seul a, à l'occasion, certains problèmes de comportement, mais ceux-ci s'aggravent lorsque l'animal doit partager son environnement avec des congénères. Qui plus est, il est parfois difficile de découvrir quel chat est à la source du conflit.

Selon mon expérience, les difficultés relationnelles entre chats sont souvent attribuables à un conflit dans la maisonnée. Par exemple, le propriétaire peut ignorer l'art de présenter un nouveau chat et les félins se chamaillent pour améliorer leur statut au sein de la hiérarchie ou pour régler un conflit territorial. Trop souvent, les gens connaissent mal les règles de base de la vie commune des chats. Conséquemment, l'environnement ne sera pas propice à l'harmonie. Nous ignorons par exemple que les chats sont des êtres essentiellement territoriaux. Lorsqu'ils vivent côte à côte dans une maison, chacun a moins d'espace pour lui-même, ce qui engendre un certain stress. Le surpeuplement peut entraîner tant d'anxiété que la maison peut devenir un véritable champ de bataille. Or, il nous incombe de fournir à nos chats un milieu où chacun se sentira heureux et en sécurité.

Cet ouvrage vous renseignera sur les moyens à prendre pour éviter les troubles de comportement dans une maison abritant plusieurs chats. Vous saurez donc comment agir si votre demeure est plongée en pleine crise. En outre, *Entre chats* vous aidera à comprendre comment les chats communiquent entre eux et avec les humains. Lorsque vous connaîtrez l'origine de certains comportements de votre animal, vous aurez saisi l'essentiel de ses besoins dans ses relations avec vous, son environnement et ses congénères. Si vous envisagez d'adopter plusieurs chats, vous pourrez éviter les problèmes et vous goûterez pleinement au plaisir de tout cet amour que vos félins vous réservent. Et, si vous possédez déjà plusieurs chats, ce livre vous permettra de mieux détecter les problèmes courants et de les résoudre.

En premier lieu, je dois aborder une question essentielle, de laquelle découle tout le contenu de ce livre : *vous devez faire stériliser vos chats.* Sinon, ces animaux ne pourront vivre ensemble en harmonie. Les chats non châtrés urineront pour marquer leur territoire et se chamailleront. S'ils vont dehors, ils vont errer, se battre et s'accoupler sans retenue. Les femelles en chaleur chercheront constamment à fuir la maison et elles hurleront sans répit et attireront dans votre jardin une multitude de chats indésirables. De plus, les chats non stérilisés sont plus enclins à développer certains cancers. Sous l'empire des hormones, ce sont des compagnons désagréables qui s'adaptent difficilement à la vie de clan.

Je possède moi-même trois chats. Albie n'était qu'un chaton lorsque je l'ai adopté, alors que Bibi et Mary Margaret étaient à l'état sauvage. Pour se sentir en sécurité, Bibi a besoin de beaucoup d'espace. Je lui réserve donc des lieux spécifiques pour les moments où elle a besoin d'« être seule ». Mon chat et mes chattes ont été opérés et ne sortent jamais de la maison. Nous vivons pacifiquement ensemble parce que je comprends leurs besoins et que je sais créer un environnement riche en découvertes et dans lequel ils se sentent en sécurité. Lorsque je rentre chez moi et que je découvre mes chats couchés ensemble, en boule, je suis attendrie. Je vous souhaite de vivre des moments tout aussi touchants au sein de votre foyer.

Chapitre 1

....

La hiérarchie féline

Devant vos chats adorés, vous êtes convaincu de contempler une famille unie. Vous aimez tous vos chats également et, selon vous, ils n'ont aucune raison de se quereller. Mais vos chats ne voient pas les choses de la sorte et ne se considèrent pas comme *égaux*. Que vous ayez deux ou vingt chats, une hiérarchie existe bel et bien entre eux. Que cela vous plaise ou non, cet ordre est nécessaire dans la société des chats. En pleine nature sauvage, l'établissement d'une hiérarchie évite la surpopulation du territoire commun et apporte ordre et sécurité au sein du clan.

Les chats sont des êtres sociables

D'aucuns croient, à tort, que les chats sont solitaires parce qu'ils chassent seuls. En réalité, si le chat n'a pas besoin de chasser en groupe, c'est tout simplement parce qu'il est un animal relativement petit qui s'attaque à de petites proies.

C'est aussi une erreur de le croire asocial en raison de son instinct territorial marqué. Certes, dès que le propriétaire d'un chat songe à adopter un chaton, il s'imagine aussitôt des scènes pénibles marquées de sifflements, de coups de griffes et de batailles, mais pourtant il suffit de bien établir les frontières territoriales pour que deux chats deviennent bons amis et s'amusent ensemble.

Dans l'univers félin, le nombre d'individus composant le groupe social varie beaucoup, allant du chat sauvage et solitaire à la promiscuité d'une « maisonnée » de nombreux chats domestiques. Le chat solitaire qui vit dans la nature sera aussi sociable que le permettront les conditions de son milieu, notamment la disponibilité de la nourriture et des abris. Cela dit, les chats acceptent de vivre dans une certaine proximité lorsqu'ils ont un lieu commun pour vivre et manger. Mais, même dans ces circonstances, certains individus seront plus solitaires. Entre les chats sauvages indépendants et les chats domestiques dépendants, on observe la catégorie intermédiaire des chats qui profitent d'une certaine liberté (les chats des ruelles qui acceptent un certain contact et les chats domestiques qui sortent à l'extérieur du logis).

Quoi qu'il en soit, le groupe social le plus courant chez les chats se compose d'une chatte et de ses chatons.

INFO FÉLINE

Le mot « matou » désigne le chat non castré, ayant atteint la maturité sexuelle, capable de se reproduire.

Chez les chats d'intérieur, les chatons sont souvent séparés de la mère trop tôt pour vivre l'expérience d'une adoption heureuse et saine. (Les chatons d'une même portée doivent demeurer douze semaines auprès de leur mère.) En milieu sauvage, cette période est encore plus longue. Après qu'ils ont quitté leur mère, les chatons femelles restent habituellement dans les environs, alors que les chatons mâles s'éloignent.

Au sein d'une communauté, des chattes se rassemblent parfois pour créer un nid et nourrir ensemble tous les petits. La mère plus fragile y trouve son compte et les chatons ont toutes les chances de survivre. Les mères déménagent souvent leurs petits si elles craignent d'être attaquées par les mâles ou d'autres prédateurs. Dans la nature, les partenaires sexuels ne s'unissent pas à long terme. Le sexe n'a rien de romantique dans ce monde. C'est uniquement une question de survie.

Dans une maison abritant plusieurs chats, certains se tolèrent, mais d'autres tissent des liens étroits, selon la hiérarchie. Le type et la force des relations qui s'établissent dans un tel logis dépendent en grande partie de la sociabilité des chats, de la façon dont ils ont été présentés les uns aux autres, de leurs personnalités respectives, de leur compréhension des limites territoriales et, enfin, de la capacité du propriétaire à gérer les conflits entre les animaux.

Le statut

Une certaine hiérarchie existe entre vos chats, mais elle n'est pas immuable. Dynamique, elle change et se modifie subtilement. Lorsque cet ordre est bien établi, les chats coexistent pacifiquement: connaître sa place apporte sécurité et familiarité au sein du clan. Mais il arrive que cette hiérarchie ne tienne qu'à un fil. Un ou deux chats peuvent «mener les autres»; parfois, la présence de certains félins dans une pièce ou le développement de situations particulières peuvent provoquer le changement d'un statut. Par exemple, un chat peut exiger que sa place se trouve sur le lit du maître, alors qu'un autre montrera sa domination autour du plat de nourriture.

J'aime comparer la hiérarchie féline aux degrés d'un escalier. Le chat dominant occupe la marche supérieure. Dans un monde parfait, chaque nouveau venu prendrait possession d'une marche libre. Malheureusement, un nouveau chat au caractère affirmé peut chercher à déloger le chat dominant de la marche supérieure. Si vous adoptez un second félin, le premier acceptera peut-être de descendre d'un échelon (il est facile d'être dominant lorsqu'il n'y a pas d'autres chats à la maison). Certains accepteront un statut inférieur si le nouveau venu se montre ferme et confiant.

S'il est vrai qu'un intervalle régulier sépare les marches d'un escalier, il en va autrement des échelons de la hiérarchie féline. Dans certains cas, deux félins au statut pratiquement identique accepteront de vivre côte à côte. D'autres voudront maintenir une grande distance entre eux. Ce partage inégal de l'espace n'est qu'une des raisons qui entraînent des perturbations dans la hiérarchie. Si deux chats de rangs comparables se trouvent constamment en compétition, l'un d'eux vivra dans l'anxiété et les confrontations seront fréquentes. Il arrive aussi qu'un chat soit la cible de ses congénères des rangs plus élevés. S'il le peut, il pourrait prendre l'habitude de chercher querelle aux chats inférieurs à lui, pour se venger.

Pour bien saisir l'ordre hiérarchique de vos félins, observez l'utilisation qu'ils font de l'espace vertical. Le chat qui a facilement accès aux endroits les plus élevés a toutes les chances de devenir dominant : cette position lui permet d'avoir une vue en plongée sur son domaine et de démontrer sa supériorité sur ses semblables.

Lorsqu'ils pénètrent dans une pièce, vos félins se partagent l'espace et leur comportement révèle qui domine dans cette pièce ou à cette heure précise. Par exemple, deux chats entrent dans le salon : l'un marche au centre de la pièce ; l'autre longe les murs. Le premier fixe l'autre du regard, mais ce dernier évite tout contact visuel. Le chat qui est au centre de la pièce est donc celui qui domine en ces lieux.

Lorsque le climat est tendu, le chat le moins anxieux aura tendance à dominer. Il y a une raison à cela : lorsque le clan se retrouve en situation critique, il doit pouvoir compter sur des chefs qui sauront garder leur calme et réfléchir avant d'agir. Aussi le chat dominant de la maison n'est-il pas nécessairement le plus agressif. Parfois, c'est le plus calme.

Les chats de même statut seront portés à se quereller davantage. Ce sont souvent ceux qui occupent un rang médian dans la hiérarchie. Un chat d'un rang plus élevé s'éloignera nonchalamment d'un lieu de tension ou fera sa toilette. Cette attitude peut être fort intimidante et ce chat a tout à gagner à se montrer invulnérable.

Plutôt que de se battre, le chat dominant choisira souvent d'affirmer son statut par des gestes. Par exemple, le chat dominant peut bloquer le passage à la litière ou à la nourriture, ou occuper la litière plus longtemps que les autres, ou être le premier à l'utiliser lorsqu'elle a été rafraîchie.

Le chat dominant réclame souvent priorité dans certains lieux. Il aura la préséance sur les autres dans le lit du maître ou sur la chaise la plus confortable, à côté du foyer, ou sur le bord de la fenêtre qui donne sur la mangeoire des oiseaux.

Il arrive qu'un chat dominant attire un chat inférieur sur son territoire et qu'il l'attaque subitement pour le punir d'avoir franchi ces frontières interdites.

Lorsque plusieurs chats partagent le même territoire, l'un d'eux peut devenir le paria. Il occupera le dernier rang et sera maintenu à l'écart. Le paria vit à la lisière du territoire, longe les murs, avance timidement et gronde lorsqu'il s'approche d'un autre chat. Vous le surprendrez parfois à venir prendre sournoisement les restes de nourriture laissés par les autres.

Il arrive qu'un chat, même stérilisé, montre sa domination sur un congénère de même sexe en le montant. Certaines personnes s'inquiètent d'un tel comportement qui, malgré les apparences, n'a rien de sexuel. Dans certaines communautés, les chats non dominants doivent se soumettre et se laisser monter par les dominants. D'autres se masturbent pour se détendre lorsque la tension est trop forte. Ne vous en faites pas, l'opération de votre chat n'est pas un échec pour autant.

Le comportement que votre chat adopte à votre égard n'influence en rien sa position hiérarchique. Toutefois, un chat dominant peut avoir la même attitude envers un humain qu'envers un autre chat – comme le fixer du regard, miauler, ou se frotter contre lui puis s'éloigner comme pour lui lancer un défi.

Qu'est-ce qui détermine la place d'un chat dans la hiérarchie ? Plusieurs facteurs dont l'âge, la taille, la maturité sexuelle ou sociale, la santé, la quantité de nourriture disponible, le nombre de chats au sein du groupe, le fait qu'ils aient grandi ou non au sein d'une même portée, etc. L'animal dominant ne sera pas nécessairement le chat le plus imposant, mais la grosseur est souvent un avantage.

La socialisation en bas âge

Si votre chatte est enceinte ou si vous songez à la faire s'accoupler, il est très important de socialiser les chatons dès leur plus jeune âge. Ainsi, adultes, ils se comporteront convenablement avec les humains. Invitez différentes personnes à prendre souvent les chatons et à les câliner pour leur permettre de grandir sans craindre les hommes. Deux semaines après leur naissance, les chatons doivent être caressés le plus souvent possible, avec douceur, mais la socialisation est particulièrement importante entre la deuxième et la septième semaine, voire jusqu'à la neuvième semaine.

Au cours des deux premières semaines, les chatons ont besoin de boire, de dormir et de rester bien au chaud contre les flancs de leur mère. Pendant cette période, les liens s'établissent entre la mère et ses petits et une routine s'installe. Si vous intervenez, la mère peut devenir agitée et déménager sa portée. Il est donc essentiel qu'elle se sente en sécurité durant ces deux premières semaines.

Idéalement, la mère et les chatons doivent vivre ensemble pendant douze semaines. Les plus dégourdis parviendront à faire leurs besoins dans la litière au bout de six à huit semaines et vous aurez peut-être le sentiment qu'ils sont prêts pour l'adoption, mais, psychologiquement, ils auront avantage à rester dans le nid pendant les douze semaines. Les chatons qu'on retire trop rapidement du nid ont du mal à faire certains apprentissages sociaux fort importants. Par exemple, ils risquent de réagir trop vivement pendant le jeu (comme mordre trop fort) ou dans leurs échanges sociaux. Ces quelques semaines de plus passées auprès de la mère aident les chatons à accepter plus facilement les autres chats dans leur environnement et à mieux interagir. Quelques-uns n'atteindront jamais qu'un certain niveau de tolérance, mais d'autres apprendront à créer des liens sociaux stables.

Vers l'âge de trois semaines, les chatons d'une même portée se livrent à des jeux sociaux dès qu'ils peuvent se déplacer librement. Ces jeux se raffinent de semaine en semaine, au fur et à mesure que les chatons maîtrisent le sens de l'équilibre et de la coordination. Ensuite, les chats se mettent à jouer avec des objets. Vers l'âge de douze semaines, ils semblent se bagarrer plutôt que de jouer. Ils sifflent et pleurent pendant leur lutte, ils adoptent des attitudes plus menaçantes.

Des hauts et des bas

La hiérarchie des chats de la maison peut être modifiée selon les circonstances. L'arrivée ou le départ d'un chat, un déménagement, la maturité sexuelle sont des éléments qui risquent de perturber l'ordre établi. D'autres événements plus subtils peuvent provoquer un changement soudain, par exemple la maturité sociale, qui apparaît entre deux et quatre ans et qui ne doit pas être confondue avec la maturité sexuelle qui, elle, a lieu vers l'âge de six ou sept mois. Nous savons qu'un chat devient adulte vers l'âge de un an, mais beaucoup ignorent qu'il lui reste encore bien des apprentissages sociaux à faire. Entre deux et quatre ans, le chat tente d'acquérir une position sociale et l'on peut alors observer des changements dans l'ordre hiérarchique de la communauté féline. Plus confiant, le chat peut profiter de ce moment pour se hisser dans l'échelle sociale.

Vous l'ignorez peut-être, mais la maladie influence la hiérarchie : un chat malade perd sa place et devient le subordonné des chats bien portants, et ce, sans égard à son statut antérieur.

Peut-on avoir trop de chats ?

Les chats requièrent moins d'espace vital que les chiens, c'est vrai, mais ce n'est pas une raison pour les obliger à vivre constamment à l'étroit, dans l'inconfort et l'hostilité. Ne dépassez pas les limites du bon sens : la qualité de vie de vos chats en dépend, ainsi que la vôtre.

Afin de déterminer le nombre de chats à héberger sous votre toit, vous devez tenir compte de plusieurs éléments, dont leur socialisation, la façon de les présenter les uns aux autres, le nombre de chats dominants et vos habitudes de vie. Certains chats ne devraient pas vivre seuls, mais d'autres sont solitaires et n'aiment pas partager leur espace vital. D'ailleurs, votre voisin peut avoir cinq chats qui vivent pacifiquement ensemble, alors que vos trois chats ont du mal à s'entendre.

N'oubliez pas de tenir compte des coûts d'entretien de plusieurs chats. Il faut bien sûr songer à la nourriture, mais aussi aux soins périodiques du vétérinaire. Certains propriétaires doivent donner à leur animal une nourriture hypoallergique, ou des médicaments, et des chats malades doivent parfois être opérés. Certes, il est étonnant de voir tout ce qu'on peut faire de nos jours pour prolonger la vie de nos compagnons, mais les progrès de la médecine vétérinaire ont un prix.

Chapitre 2

....

L'univers complexe
de la communication féline

L es êtres humains communiquent entre eux par la parole, alors
que les chats ont trois modes de communication : l'*odorat*, le
langage corporel et les *expressions vocales*.

Certains animaux territoriaux préfèrent éviter les conflits autant
que faire se peut. Ainsi, pour assurer leur sécurité et se prémunir contre
les coups et les blessures, ils ont tout intérêt à développer au maximum
leurs aptitudes à communiquer face au danger. Plus vous serez habile à
traduire le langage de vos chats, mieux vous saurez désamorcer leurs
conflits éventuels. Vous pourrez faire la différence entre le chat qui se
tient sur la défensive et celui qui s'apprête à attaquer. Même avec un seul
chat, il est important de comprendre son langage pour établir une saine
relation avec lui. Si votre chat vous griffe ou vous mord, il y a fort à
parier que vous ne comprenez pas son langage. Apprenez-le et vous
aurez moins d'égratignures à soigner.

ASTUCE FÉLINE : COMPRENDRE SON CHAT

Vous aurez du mal à saisir le message de votre chat si vous vous en tenez à un seul aspect de son comportement. Soyez attentif à tout – ses yeux, ses oreilles, ses moustaches, sa posture, ses productions vocales, son environnement, etc.

Les yeux[1]

- **Pupilles arrondies :** intérêt, excitation, peur ou agression défensive.
- **Pupilles contractées :** agression offensive.
- **Pupilles légèrement ovales :** détente.
- **Regard fixe :** dominance ou menace défensive.
- **Paupières lourdes et détendues :** confiance et relaxation.

Les oreilles

- **Droites et tournées vers l'avant :** alerte, intérêt.
- **Tournées vers les côtés, comme des ailes d'avion :** inquiétude ou peur d'une menace éventuelle. Indique parfois un inconfort ou une infection à l'oreille.

ASTUCE FÉLINE : INTERPRÉTER SON REGARD

Un regard fixe et soutenu est un signe d'insolence et peut être interprété comme une menace agressive. Des clignements lents, par contre, ont un effet apaisant et sont une démonstration d'affection. Échangez des clignements lents avec vos chats. Vous verrez comme c'est touchant !

---

1. La taille et la forme des pupilles varient aussi en fonction de la lumière ambiante. Par ailleurs, leur aspect peut aider le vétérinaire à établir un diagnostic.

- **Tournées vers le côté et vers le bas :** agression défensive.
- **Tournées vers l'arrière et complètement aplaties :** agression défensive extrême.
- **Tournées vers l'arrière et aplaties, mais laissant voir un peu l'intérieur du pavillon :** agression offensive extrême.

La queue

- **Verticale, dressée et légèrement courbée :** signe amical. Ce chat cherche à établir le contact.
- **Poils hérissés :** anxiété croissante parfois attribuable à un état d'agressivité passive ou défensive.
- **Enroulée autour du corps :** position traduisant son désir de prendre de la distance, par crainte ou par refus de toute interaction.
- **En forme de U inversé :** agression défensive (les chatons adoptent cette posture pendant le jeu).
- **Arquée sur le dos :** habituellement une position défensive. Souvent, il baissera la queue si son vis-à-vis ne recule pas. Si le poil de la queue n'est pas hérissé, cela peut aussi traduire un intérêt ou une excitation sexuelle.
- **Doux balayage :** irritation.
- **Grands coups :** conflit, frustration, irritation.
- **Coups de fouet :** agitation. Plus les coups de fouet sont vifs, plus grande est l'agitation. Le chat vous lance un signal clair : reculez !
- **Baissée :** agression offensive (si la queue bouge par coups) ou agression défensive (si les mouvements sont moins saccadés).
- **À l'horizontale (à demi baissée) :** détendu. C'est la position normale de la queue.
- **Entre les jambes :** soumission.

La moustache

- **Poils tournés vers l'avant :** intérêt ou agression selon les circonstances, la position des oreilles et du corps. Si les oreilles sont rabattues sur les côtés ou vers l'arrière, le chat démontre son agressivité. Si elles sont en position d'alerte normale (courbées vers l'avant), le chat s'intéresse à quelque chose, par exemple à une proie.
- **Poils légèrement détendus, sur les côtés (ni vers l'avant ni vers l'arrière) :** position normale de détente.
- **Poils tirés droit derrière, le long des joues – peur :** le chat tente de se faire le plus petit possible.

Le pelage

- **Hérissé :** le chat est sur la défensive.
- **Un peu hérissé, mais pas complètement :** inconfort, mais la menace n'est pas suffisante pour lui donner l'envie de fuir.

Les productions vocales

- **Ronronnement :** ce son vibrant comme un petit moteur exprime le contentement, mais parfois l'anxiété. Si la tension monte, le chat peut ronronner pour détendre l'atmosphère et calmer son vis-à-vis. Une chatte ronronne pour que ses chatons puissent la retrouver grâce aux vibrations sonores. Des chats ronronnent lorsqu'ils sont très malades ou blessés, sans doute pour se réconforter.
- **Miaou :** expression de bienvenue surtout réservée aux humains.
- **Miaulement :** son utilisé entre les félins à des fins d'identification et de localisation.
- **Grognement :** production vocale des chatons à la naissance.
- **Gémissement :** une seule et longue plainte que certains chats lancent avant de vomir ou de régurgiter un amas de poils. Parfois, un chat plus âgé lâchera quelques gémissements s'il se sent perdu ou désorienté dans une maison devenue soudainement trop

tranquille. Il arrive qu'un chat produise cette plainte lorsqu'il est devant la porte et demande à sortir.

- **Gazouillis :** son émis lorsqu'un chat est sur le point de recevoir ce qu'il désire, comme un repas ou une récompense. Exprime parfois le désir d'établir le contact avec son maître. Une chatte pourra aussi émettre ce son à l'intention de ses chatons.
- **Chevrotement :** son qui s'apparente au gazouillis, mais plus musical. Exprime la joie.
- **Grondement :** son guttural fait avec la bouche ouverte. Annonce une attitude offensive ou défensive. Le chat l'utilise comme avertissement.
- **Sifflement :** bouche ouverte, le chat siffle comme un serpent lorsqu'il est sur la défensive. Pour siffler, le chat courbe la langue et chasse rapidement l'air. Si vous êtes face à lui, vous pouvez sentir l'air sortir de sa bouche.
- **Crachement :** son court, vif et violent qui précède ou suit habituellement le sifflement.

ASTUCE FÉLINE : UN CHAT DANS LES BRAS

Pour prendre votre chat dans vos bras, placez une main sous le siège pour bien le soutenir et empêcher les pattes de derrière de pendre. Placez l'autre main sous son ventre pour qu'il puisse poser ses pattes avant sur votre bras. Tenez-le tout contre vous sans toutefois le comprimer.

- **Murmure :** son doux émis, bouche fermée, pendant le ronronnement pour exprimer la bienvenue.
- **Glapissement :** son grinçant et aigu lancé pendant la préparation de son repas. Utilisé aussi pendant le jeu.

- **Cri perçant:** son fort et aigu lancé lorsque le chat souffre ou qu'il se bat furieusement avec un congénère.
- **Babillage:** son qui exprime l'excitation devant une proie, surtout lorsque le chat la voit sans pouvoir l'atteindre (par exemple un oiseau à la fenêtre).
- **Grimace:** pour intimider son adversaire, le chat retrousse sa lèvre supérieure afin d'exposer ses dents. Cette expression s'accompagne parfois de grondements.

Les postures

Les différentes postures du chat se rangent en deux catégories, selon l'effet recherché: *accroître* **ou** *diminuer la distance* qui le sépare de son vis-à-vis. Cette posture peut se traduire par: «Éloigne-toi de moi» ou par: «D'accord, tu peux t'approcher.» Cela dit, la posture peut changer rapidement selon les sentiments de l'animal. Elle peut d'abord se traduire par: «Tu peux t'approcher» et se modifier en cours de route pour signifier: «Cela suffit», ou même: «J'ai changé d'avis, va-t'en!»

Un chat sur le point d'attaquer avance à pas feutrés, tête baissée. Ses moustaches sont tendues vers l'avant, ses oreilles dressées sont rabattues sur les côtés, ses griffes sont visibles et ses pupilles contractées. Un chat soumis s'accroupit ou fuit les lieux, mais deux rivaux peuvent se regarder fixement avec lenteur, comme deux cow-boys qui s'affrontent. Ils peuvent se contourner, jusqu'à ce que l'un bondisse sur l'autre. Le chat attaqué peut se retourner immédiatement sur le dos pour se défendre. Un chat dominant et confiant s'approche sans hésitation tout en fixant son rival du regard. Un chat plus timide, craintif ou soumis se présente de côté sans regarder l'autre dans les yeux. Celui qui s'éloigne calmement tout en tournant le dos à son rival sort vainqueur de cette confrontation.

La liste suivante recense les postures du chat. Elle vous aidera à mieux comprendre le langage et les messages de votre animal.

- **Accroupi, le chat est sur la défensive :** la queue est habituellement collée le long du corps, protégée, et le chat semble plus petit et moins menaçant aux yeux de son rival. Un chat apeuré aura les oreilles basses et tournées vers l'arrière. Habituellement, un chat bave lorsqu'il est vraiment terrorisé.
- **Pattes tendues avec l'arrière-train légèrement relevé :** position d'attaque.
- **Ventre en l'air :** ultime posture du chat attaqué, qui lui permet d'utiliser ses dents et ses quatre pattes pour se défendre. Elle peut aussi signifier au vis-à-vis qu'il est encore temps d'éviter le combat. D'autre part, un chat endormi ou détendu peut s'allonger sur le dos et se rendre vulnérable en exposant son ventre. C'est alors un signe de complète relaxation, mais attention : si un autre chat approche ou si vous tentez de le caresser sur le ventre, le chat peut devenir agressif. Chaque animal réagira différemment, selon son tempérament.

Le chaton peut exposer son ventre pour annoncer son désir de jouer. Voyez les autres signaux qui accompagnent ce geste pour bien l'interpréter. Si les oreilles sont tendues vers l'avant, le chaton veut s'amuser ; si elles sont tournées vers l'arrière, il est en position défensive. Écoutez-le : le chaton qui veut jouer miaule ou ronronne ; celui qui veut se défendre siffle.

COMMUNICATION FÉLINE : ÉLÉMENTS IMPORTANTS À INTERPRÉTER

- Posture et position corporelle
- Forme et grandeur des pupilles
- Position des oreilles
- Position des moustaches

- Position et mouvement de la queue
- Vocalisations
- Hérissement du pelage
- Conditions environnementales immédiates

• **Se rouler sur le dos, de droite à gauche :** invitation à jouer, accueil.

• **Dos arqué et poil hérissé (posture qui rappelle le chat de l'Halloween) :** cela peut être l'expression d'une humeur défensive ou offensive. En fait, cette attitude signifie que le chat est prêt à tout faire pour contrer son vis-à-vis, quelle que soit sa réaction. Le chat au dos arqué peut passer du mode défensif au mode offensif ou agressif. Il lance un avertissement à son opposant et l'invite à bien réfléchir avant d'agir.

Les chatons adoptent parfois cette posture durant les jeux. Ils peuvent marcher sur le bout des pattes et avancer comiquement, à la manière d'un crabe, pour inviter leurs compagnons au jeu.

La communication olfactive

Le chat communique avant tout avec ses congénères en marquant son territoire par son urine, ses excréments, ses pattes ou ses glandes. Il peut laisser une marque olfactive, visuelle, ou une combinaison des deux.

Le chat est muni d'un système d'analyse des odeurs très particulier, appelé organe voméronasal, ou organe de Jacobson, qui se trouve dans le palais dur. Il permet d'analyser les phéromones (sécrétions externes produites par un animal, qui stimulent une réponse physiologique ou comportementale chez un autre membre de la même espèce), surtout celles qu'on retrouve dans l'urine, mais le chat y aura recours pour analyser toute odeur intéressante. Le message olfactif est enregistré par la bouche, puis la langue le transfère aux conduits situés derrière les dents de devant. Ces conduits mènent à la cavité nasale. Lorsque l'organe de Jacobson est en activité, le chat a la bouche un peu ouverte et la lèvre supérieure retroussée. Son expression faciale ressemble à une grimace appelée « réponse de Flehman ».

Bien que la majorité des chats soient dotés de cet organe, ce sont surtout les mâles entiers qui en font usage au contact de l'urine d'une chatte en chaleur.

Le marquage par l'urine

Le jet d'urine est une forme de communication fort efficace, aussi les chats y ont-ils recours pour marquer leur territoire, menacer l'autre, annoncer leur arrivée, amorcer une querelle à distance ou simplement pour échanger des informations.

Quel désagrément pour les personnes qui se trouvent au milieu de ce dialogue malodorant ! Pour régler une situation urgente à ce propos, consultez le chapitre 7 où sont expliquées les techniques nécessaires pour modifier ce comportement.

Le frottement

Le frottement occupe une place importante dans la vie sociale du chat. Ce dernier est couvert de glandes sébacées dégageant des phéromones qui divulguent une foule de renseignements. En se frottant contre les objets, le chat marque son territoire et laisse au passage des renseignements destinés aux autres chats, qui auront accès à cette information olfactive. Ils sauront s'il s'agit d'un mâle ou d'une femelle, disponible ou non sexuellement. Ils sauront même à quand remonte sa dernière visite.

Les glandes se trouvent surtout sur les lèvres, le front, le menton, la queue et les coussinets plantaires. Le chat peut laisser son odeur en se frottant contre les objets ou il peut en imprégner d'autres chats, des humains ou des chiens amicaux. Il utilisera surtout ses joues avec les objets inanimés, mais tout à la fois la tête, les flancs et la queue avec un autre animal.

Si un objet est élevé, le chat peut s'y frotter le front. S'il est bas, le chat utilisera le dessous du menton. Quand plusieurs mâles cohabitent dans une même maison, ceux qui se trouvent au sommet de la hiérarchie ont tendance à se frotter la face contre les objets plus souvent que les autres chats.

Le frottement n'est pas exclusivement employé pour laisser une trace olfactive. C'est aussi une façon de colliger ou de combiner différentes odeurs, surtout lorsque le chat se frotte les flancs. Il s'agit parfois d'un comportement social visant à créer des liens ou à montrer sa soumission à un chat plus élevé dans la hiérarchie.

Lorsque vous rentrez à la maison après une journée de travail et que votre chat vous accueille en se frottant les joues ou les flancs contre vous, il vous imprègne à nouveau de toutes sortes d'odeurs familières. Avant de se frotter, le chat soulève habituellement la queue en s'approchant. Souvent, il utilise son prodigieux sens olfactif pour reconnaître son semblable. Des chats qui cohabitent peuvent se frotter les uns contre les autres afin de créer une odeur commune et familière. En agissant de cette façon, par instinct de survie, les félins sont en mesure de repérer rapidement tout intrus sur leur territoire.

Deux chats familiers qui se rencontrent dans un climat dépourvu d'hostilité se sentiront mutuellement, nez à nez, se frotteront la tête et iront parfois jusqu'à se lécher la face et les oreilles. Ensuite ils se flaireront la région anale. Normalement, le chat qui amorce le premier frottement est le dominant. Si les deux chats ne sont pas particulièrement amicaux, ils se contenteront de se flairer nez à nez. S'ils se connaissent et lèvent la queue, il y a fort à parier qu'ils se préparent à une séance de frottement mutuel. Cet important rituel social est réservé aux chats qui s'entendent bien et qui partagent habituellement des aires de repos.

Par ailleurs, un chat peut lancer une invitation au jeu en léchant la tête d'un autre chat. Si ce dernier accepte, on assiste alors à des jeux de poursuite ou à des luttes amicales. Sinon, celui-ci peut asséner un coup de patte à la face de l'autre chat pour lui signifier son refus.

Lorsque votre chat saute sur vos genoux et frotte son nez contre le vôtre avant de vous présenter son dos, sachez qu'il s'agit d'un geste de grande courtoisie. Et, lorsqu'il s'allonge le dos tourné vers vous, il vous signifie combien il vous fait confiance. Il est important d'interpréter correctement ces comportements.

Un étranger pénètre chez vous et votre chat s'avance immédiatement pour se frotter la tête contre lui avant de reculer et de le regarder droit dans les yeux ? Souvent, cette attitude signifie que votre chat lance un défi à cet intrus. On croit trop souvent, à tort, qu'il s'agit d'un comportement amical. L'étranger tend alors la main pour caresser le chat qui répond en griffant ou en mordant.

Devant un chat étranger, vous devez d'abord lui présenter l'index. Laissez-lui le temps de vous flairer. Ce geste équivaut à une rencontre nez à nez entre chats. Ne cherchez pas à le caresser, mais laissez le doigt immobile et tendu vers lui. Après un bref examen olfactif, le chat cherchera peut-être à frotter le bord de sa bouche contre votre doigt, ou même sa tête ou son flanc. Ce faisant, il vous dit qu'il se sent à l'aise avec vous. Le moment est venu d'allonger la main pour le caresser. Cela dit, ne cherchez pas à le caresser s'il a reculé et vous fixe du regard.

Chapitre 3

....

L'importance du territoire

Territorialité féline 101

Le territoire du chat à l'état libre se divise en plusieurs secteurs dont les limites sont clairement définies à ses yeux. La zone périphérique est celle que le félin parcourt lors de ses promenades ou de ses chasses. Les zones périphériques des territoires de plusieurs chats peuvent se chevaucher. Habituellement, le mâle adulte a un plus vaste territoire que la femelle et, durant le rut, le mâle non castré élargit temporairement son territoire pour trouver une partenaire. Le chat qui se trouve dans les limites de son territoire aura tendance à fuir ses adversaires plutôt qu'à se battre avec eux.

En deçà de la zone périphérique se trouve le secteur central que le chat défend contre tous les intrus, bien qu'il accepte jusqu'à un certain point la présence de félins qu'il côtoie socialement. Si un intrus apparaît, le chat aura l'avantage psychologique de se sentir en terrain familier. Il lui arrive de permettre à un congénère de s'aventurer chez lui, mais ce dernier peut être repoussé dans un secteur plus éloigné. Comme chez les humains, les félins ont chacun leur tempérament ; certains ont besoin de beaucoup d'espace, d'autres se contentent de peu.

Les chats domestiques se répartissent le territoire disponible dans la maison, comme le font les chats sauvages, à la différence que ceux-là n'ont pas à se battre entre eux pour obtenir de la nourriture. Par conséquent, les conflits territoriaux sont habituellement moins importants dans la maison que dans la nature.

Le temps partagé

On observe qu'un chat occupe une pièce ou dort dans un fauteuil à une certaine heure du jour, puis qu'un autre chat occupe ces mêmes lieux à un autre moment. Cela n'a rien du hasard : les chats maintiennent ainsi le fragile équilibre de la cohabitation pacifique. La guerre éclate lorsqu'un animal décide de rompre les conventions et de réclamer la place à une heure indue. Toutefois, certaines zones appartiennent à un seul chat, et les autres ne l'occuperont jamais, pas même en son absence.

Quand on sait avec quelle minutie les chats se partagent certains lieux, on saisit mieux l'impact que peut avoir le réaménagement d'une pièce, la disparition d'un meuble, un déménagement ou l'arrivée d'un nouveau chat.

Toujours plus haut

Si vous considérez votre domicile, vous y voyez un seul territoire. Votre maison peut compter une pièce, ou dix, peu importe : ce lieu est fondamentalement *votre* territoire. Mais aux yeux d'un chat la maison regroupe une foule de territoires à niveaux multiples. Or, ces territoires jouent un rôle capital dans le maintien de la hiérarchie féline.

Pour mieux mesurer l'importance de ces différents niveaux, imaginez votre salon sans meuble – il n'y a que le tapis, les murs et les fenêtres. Si vous faisiez entrer vos chats dans le salon, ils se dirigeraient sans doute dans des coins opposés, parce qu'il n'y a aucun autre niveau dans cette pièce. Le chat dominant n'aura aucun lieu surélevé à occuper, et tous sembleront nerveux, car nul ne saura trouver sa place. Maintenant, placez un fauteuil dans ce salon. Il est probable qu'un de vos chats, sans doute le dominant, ira immédiatement s'y frotter avant d'y grimper pour s'installer sur le siège. Un autre ira probablement se cacher sous le fauteuil. Si le meuble est massif et bien rembourré, un chat se perchera sûrement sur le dossier, un autre se prélassera sur un bras. Il suffit donc d'ajouter un fauteuil dans une pièce pour créer un nouveau territoire à niveaux multiples. Maintenant, ajoutez une table, un second fauteuil, une bibliothèque, des étagères. Chaque fois que vous ajoutez un meuble, vous agrandissez le territoire. Ce salon qui était d'abord une zone à un seul niveau, ouverte et angoissante, devient pour les chats un lieu plus sûr et plus confortable, où ils peuvent y retrouver leurs coins favoris et se les partager.

Faites le tour de votre maison et voyez les meubles qui s'y trouvent. Le chat dominant est sans doute installé en hauteur, alors que le plus timide ou le plus soumis occupe des lieux plus cachés. Peut-être qu'un de vos chats parvient à sauter sur l'armoire de votre chambre en faisant un bond impressionnant à partir du lit, et qu'un autre se cache sous ce même lit, derrière la boîte de rangement qui s'y trouve. Le chat utilise chaque centimètre d'espace vertical et tous les niveaux d'élévation à sa portée.

Si vous interdisez à vos chats de monter sur les meubles, ce peut être une raison suffisante pour qu'ils soient tendus, incapables qu'ils sont d'occuper des lieux qui correspondent à leur position hiérarchique.

La répartition du territoire

À la maison, il est possible de convertir des espaces verticaux en lieux accessibles aux chats. Si vous ne possédez qu'un seul animal, vos meubles et un arbre à chats lui suffiront, mais si vous avez plusieurs chats, vous devrez aménager le territoire vertical. Libre à vous d'élaborer des plans simples ou complexes, suivant vos goûts et vos moyens. Du point de vue d'un chat, une zone en hauteur doit simplement être :

- sûre ;
- confortable ;
- facile d'accès (pour y monter et en redescendre) ;
- et bien située.

Les perchoirs

Il existe une façon simple d'agrandir le territoire vertical : l'ajout d'un arbre à chats muni de multiples perchoirs. Vos deux chats ne peuvent se partager le bord de la fenêtre pour observer les oiseaux ? Grâce à l'arbre à chats, ils pourront s'installer ensemble sur des perchoirs d'élévation différente.

L'arbre à chats est un outil précieux lorsqu'un félin timide se cache dans une chambre quand se présente un visiteur. Mon dernier chaton, Bibi, adorait aller dans le solarium, mais dès que j'y entrais elle se précipitait derrière le divan. Afin de lui procurer le sentiment d'être mieux cachée, je me suis procuré des branches de soie artificielle (plus sûres pour les chats que les plantes naturelles) dans une boutique d'artisanat et je les ai attachées à un arbre à chats. Comme ces branches dissimulaient les perchoirs, Bibi se sentait en sécurité derrière le feuillage et restait juchée dans l'arbre quand j'entrais dans le solarium, m'observant lorsque je venais m'asseoir sur le tapis avec un jouet pour attirer son attention. J'apercevais à travers le feuillage ses yeux braqués sur moi. Après quelques séances, son regard était rivé sur le jouet. Peu à peu, Bibi a descendu de son arbre, d'un perchoir à l'autre, pour un jour se précipiter sur le jouet. Grâce à l'arbre à chats, elle avait pu m'observer longuement avant de comprendre qu'elle pouvait me faire confiance.

On peut se procurer des arbres à chats dans la plupart des animaleries, par correspondance ou sur Internet. Certaines entreprises peuvent même en fabriquer un selon vos mesures, le nombre et le genre de perchoirs, et même d'après le type et la couleur de vos tapis. Profitez des expositions félines pour voir tout ce qui se fait et acheter sur place l'arbre à chats qui vous intéresse. Vous pouvez consulter les petites annonces et les publicités dans les magazines spécialisés. Si vous commandez un arbre à chats sans le voir, demandez au vendeur de vous en spécifier la hauteur, le poids et l'apparence. Assurez-vous que la base de l'arbre est solide, puis renseignez-vous sur le retour de la marchandise. Les perchoirs devraient être larges et confortables. Certains sont carrés et plats, d'autres courbés ou en forme de U. À mon avis, les chats préfèrent les perchoirs courbés qui leur évitent de tomber pendant leur sommeil. Le perchoir en forme de U est un peu plus spacieux, ce qui permet au chat de s'y prélasser et de se mettre sur le côté pour surveiller un oiseau à la fenêtre ; il est indiqué pour le chat qui a besoin d'un peu plus de sécurité émotionnelle.

L'arbre à chats permet aussi à l'animal de se faire les griffes. Certains sont recouverts de sisal, tissu très prisé par nombre de chats ; d'autres, de bois ou d'écorce. Les très grands arbres à chats ont plusieurs perchoirs recouverts de différents matériaux qui sauront satisfaire tous les goûts de vos félins.

Selon le modèle choisi, votre arbre à chats tiendra sur pieds ou s'appuiera au plafond grâce à une barre de métal ajustable. Le modèle autoportant aura des perchoirs plus larges et plus confortables et sera plus facile à déplacer. Si sa base est solide, je crois qu'il sera plus sûr que l'autre modèle. Plus l'arbre est grand, plus large et lourde doit être la base. Avant de l'acheter, assurez-vous que le sommet de l'arbre n'est pas trop lourd, car le chat pourrait le renverser d'un seul bond. Et, même si l'arbre s'ébranle sans tomber, votre chat aura eu peur et pourrait ne plus jamais vouloir y grimper. Vous pouvez bien sûr le fabriquer si vous êtes bricoleur, mais avant tout allez voir ce qu'on vend dans les boutiques et sur Internet.

Vous serez peut-être tenté de placer votre arbre à chats dans un coin pour gagner de la place, mais sachez que vos chats s'amuseront davantage si vous l'installez devant une fenêtre ensoleillée, juste devant une mangeoire pour les oiseaux! Si vous avez plusieurs arbres, placez-les dans la pièce la plus fréquentée par vos chats, mais n'hésitez pas à les déplacer. Par exemple, si deux chats se querellent pour occuper votre lit la nuit, placez un arbre dans votre chambre. Qui sait, l'un d'eux y dormira peut-être. Certaines personnes les mettent loin des zones les plus fréquentées, mais vos chats voudront se trouver dans la même pièce que vous. Par conséquent, ne cachez pas vos arbres dans les recoins.

Lorsque vous installez votre arbre à chats, enduisez la barre centrale de cataire (ou «herbe aux chats») pour attirer vos animaux. Si ces derniers s'inquiètent devant ce nouveau meuble, couvrez les perchoirs d'un vêtement imprégné de votre odeur. Vous pouvez aussi vaporiser du Feliway sur les perchoirs (voir le chapitre 7 pour plus de détails sur ce produit).

Certains arbres à chats sont chers; n'achetez donc pas le premier que vous verrez. Magasinez et comparez, il y en a pour toutes les bourses. Si vous avez peu d'argent, optez pour un arbre simple et solide, sans gadgets (jouets intégrés, tapis colorés, etc.). Il vous sera utile pendant des années. Il y a vingt ans, j'achetais mon premier arbre à chats et il est toujours aussi solide. L'entreprise Angelica Cat est renommée pour la variété et la solidité de ses arbres.

Si vous avez des chatons, vous serez tenté par des «condos» pour chats. Petits, ronds, couverts de tapis, ils comportent deux paliers, mais sont fragiles et si exigus qu'ils ne seront plus utiles dans quelques mois. De plus, les chats ne sont pas attirés par ce tapis qui ne leur sert même pas à faire leurs griffes. Comme les chatons ont besoin d'espace pour se mouvoir, jouer et grandir, il vaut mieux acheter un bon arbre à chats. Il y a fort à parier que vos chatons le préféreront aux rideaux du salon.

Les perchoirs de fenêtre

Si une pièce est trop petite pour y installer un arbre à chats ou si votre budget est insuffisant, procurez-vous des perchoirs de fenêtre pour agrandir le territoire vertical. La plupart n'exigent pas une installation permanente : on peut les fixer grâce à une tringle ajustable, sans percer les murs. Bonne nouvelle pour les locataires.

Certains perchoirs sont recouverts d'un tissu amovible et lavable. D'autres ont des éléments chauffants qui gardent le chaton au chaud pendant qu'il observe les oiseaux sur la neige. Les genres et les formes sont multiples : certains sont plats et rembourrés ; d'autres ressemblent à des hamacs. Ils font merveille pour les chats âgés ou arthritiques ; mais, si le vôtre a du mal à sauter, vous devrez faciliter l'accès au perchoir.

Même si vous possédez un arbre à chats, il est bon d'avoir aussi un perchoir de fenêtre pour les chats qui, dans la hiérarchie, occupent les rangs médians. De plus, il vous sera facile de le déplacer si vous désirez créer un lieu privé pendant un certain temps (voir chapitre 4), pour apprivoiser un nouveau venu ou isoler un chat.

ASTUCE FÉLINE : PAS DE CHAT SUR LE COMPTOIR

Si vos chats ont la mauvaise habitude de se hisser sur les comptoirs, procurez-vous du Sticky Paws et quelques grands napperons en plastique peu coûteux. Le Sticky Paws est un ruban adhésif sur les deux faces (vendu dans les animaleries et les magasins spécialisés). Couvrez votre comptoir avec les napperons et collez-y du Sticky Paws çà et là. Votre chat finira par comprendre que, finalement, grimper sur le comptoir n'est pas aussi plaisant qu'avant. Mettez les napperons quand vous n'utilisez pas les comptoirs, et ce, jusqu'à ce que vos chats soient conditionnés. Mais n'oubliez pas de leur offrir d'autres zones en hauteur.

Les cachettes

Le chat timide, ou celui qui est au bas de l'échelle hiérarchique, cherche peut-être des endroits pour se cacher. Offrez-lui une cachette dans chaque pièce. S'il n'aime pas qu'on l'observe, installez-lui une tente-lit pour le rassurer. Choisissez un endroit situé loin des lieux fréquentés, offrant une vue sur l'ensemble de la pièce. Ainsi, le chat pourra voir qui s'approche, et s'enfuir au besoin.

Les chats n'aiment pas dormir à même le sol, alors pourquoi ne pas leur procurer des lits-hamacs dont il est possible de joindre les armatures ? Vous pourrez ainsi installer des lits côte à côte, mais à différentes hauteurs.

Les tunnels

Le tunnel est à la fois un terrain de jeu idéal pour les chats timides et un passage abrité pour les chats apeurés. C'est aussi un lieu propice au jeu, car le chat peut s'y cacher avant de bondir sur un jouet que vous agitez (voir chapitre 5). Les chats adorent être à l'affût et se croire « invisibles » avant d'attaquer leur proie. Que de bonheur aussi pour les chats qui s'amusent entre eux !

Le chat craintif, lui, empruntera le tunnel pour traverser une pièce en toute sécurité. Pour ma part, j'installe souvent plusieurs tunnels : l'un part d'une cachette pour se rendre à la litière, un autre mène au bol de nourriture, etc. Mais il n'est pas nécessaire de relier tous ces points entre eux. L'important est d'empêcher le chat craintif de se retrouver à découvert au centre de la pièce, là où il est le plus vulnérable. Le tunnel lui permettra de se sentir assez en sécurité pour s'aventurer dans la pièce.

Procurez-vous plusieurs de ces petits tunnels faits de tissu léger, que vous pouvez assembler pour former un long tunnel sinueux. Ou alors fabriquez des tunnels selon vos besoins, avec des sacs de papier ou des boîtes que vous découperez et assemblerez. Si vous utilisez des sacs, roulez les bords aux extrémités pour les empêcher de s'affaisser. Si le papier et le carton ne vous semblent pas très esthétiques, vos chats s'en fichent! Servez-vous de votre imagination et de votre créativité, placez les tunnels où bon vous semble, mais prenez soin de percer des trous sur les côtés: grâce à ces issues de secours, deux chats qui entrent par les bouts opposés n'auront pas à se retrouver face à face.

Pour camoufler un tunnel, tirez votre divan et faites courir le tunnel le long du mur en laissant assez d'espace pour qu'un chat puisse sortir par les trous du côté.

Les étagères et les marches d'accès

Vos chats n'ont toujours pas assez d'espace vertical? Installez un petit escalier contre le mur menant à une passerelle près du plafond. Il vous est possible de rendre le tout très esthétique, si bien que vos invités croiront qu'il s'agit là d'une œuvre d'art.

Si vous fabriquez une passerelle, créez deux points d'accès pour éviter qu'un chat dominant la monopolise. Il faut qu'un chat qui grimpe à une extrémité puisse voir un autre chat grimpant à l'autre bout. Il pourra rebrousser chemin s'il ne souhaite pas croiser son congénère sur la passerelle.

Les bacs à litière

Le bac à litière est un lieu extrêmement sensible. Dans une maison où vivent plusieurs chats, le nombre de bacs et leur emplacement sont des questions cruciales (voir chapitre 7). Il en va de même pour les « griffoirs » (voir chapitre 8).

ASTUCES FÉLINES : RÉAMÉNAGER L'HABITAT

• Agrandissez le territoire vertical et multipliez les paliers.

• Créez des cachettes et des tunnels.

• Installez des perchoirs et des arbres à chats devant les fenêtres ensoleillées et les mangeoires d'oiseaux.

• Respectez l'utilisation que les chats font de leur territoire.

La transition de l'extérieur vers l'intérieur

Si certains de vos chats ont l'habitude d'aller dehors, mais que vous désirez les habituer à rester à l'intérieur, c'est plus simple que vous ne le pensez.

Le monde extérieur n'est pas sûr pour les chats, les dangers y sont nombreux : voitures, maladies, empoisonnements (accidentels ou intentionnels), rivaux, animaux dangereux, parasites, accouplements indésirables, perte ou vol de l'animal, etc. Gardez donc vos chats à l'intérieur, ils seront en sécurité et vous aurez l'esprit tranquille, et puis ils pourront encore goûter à bien des aspects de la vie extérieure si vous prenez soin de leur créer un environnement adéquat, avec des jeux interactifs. Pour ce faire, il s'agit de respecter une période de transition. Commencez au début de l'hiver, quand le chat aime à rester au chaud dans la maison, et profitez-en pour lui inculquer de nouvelles habitudes : gardez-le à l'intérieur de plus en plus longtemps.

Même si vos chats ont vécu ensemble à la maison à un moment donné, vous noterez une différence lorsqu'ils resteront tous à l'intérieur en permanence. Pourquoi ? Parce que leur territoire sera réduit. De ce fait, les chats auront sans doute à renégocier les zones intérieures pour se partager l'espace. Pour les aider à y parvenir, multipliez les zones verticales en ajoutant des perchoirs et des arbres à chats. De plus, puisque les chats ne pourront plus faire leurs besoins dehors, ajoutez des bacs à litière dans la maison et attendez-vous à devoir les nettoyer plus souvent.

Sachez que certains chats pourraient ne pas apprécier ce nouveau traitement. L'un d'eux miaulera peut-être à s'époumoner, contre la porte. Il vous regardera d'un air perplexe, se demandant si vous n'avez pas perdu la tête ou si vous n'êtes pas devenu sourd comme un pot, mais ne cédez sous aucun prétexte, quelle que soit la force ou la persistance de ses plaintes. Si vous reculez, c'est raté : la prochaine fois, il se rappellera comment vous tourmenter.

Vous pourrez vous épargner pleurs et miaulements en employant la *diversion* (voir chapitre 5) pour le distraire avant qu'il commence à se plaindre. Pour ce faire, profitez de ce que le chat aime la routine ; observez son comportement et anticipez ses crises de larmes contre la porte. Voyez s'il marche d'une manière particulière, s'il quitte rapidement son bol de nourriture, s'il se fait les griffes près de la porte, etc. Dès que ce comportement s'annonce, vous devez immédiatement distraire l'animal. Certes, vous ne pouvez pas l'observer toute la journée, mais il reste que c'est en intervenant souvent et efficacement que vous réglerez ce problème.

Une stimulation adéquate

C'est surtout la chasse qui attire le chat dehors. Pour le garder heureux à l'intérieur, incitez-le donc à rester actif.

Astuce féline : compter ses chats

Avant de quitter la maison ou de vous mettre au lit, prenez l'habitude de compter vos chats, si vous en avez plusieurs. Un chat peut facilement s'esquiver dehors, se cacher dans une armoire ou sauter dans un tiroir, ni vu ni connu ! Assurez-vous donc que tout ce beau monde est bel et bien présent.

Prévoyez deux séances quotidiennes de jeux, avec « jouet canne à pêche ». Ces activités permettront au chat d'exercer ses talents de chasseur à l'abri des parasites et des maladies transmises par ses proies. Mettez une vidéo d'écureuils, d'oiseaux et de papillons. Les chats adorent ces films qu'on trouve dans les animaleries, par correspondance ou sur Internet.

Dehors, le chat adore se rouler dans l'herbe, et dans la maison il peut parfois se frotter contre vos plantes vertes. Vous pouvez offrir à votre chat une « verdure » saine comme le blé, le seigle ou l'avoine qu'on trouve dans les magasins spécialisés, mais vous pouvez les faire pousser vous-même dans un pot de terre. Gardez la verdure dans un endroit ensoleillé et, lorsqu'elle est prête, donnez-la aux chats. Pour éviter les querelles, disposez vos pots un peu partout dans la maison. Sachez que les plantes d'intérieur peuvent être de véritables poisons pour les chats. Ils ne doivent pas les mâchouiller. Pour les en dissuader, vaporisez sur les feuilles un produit répulsif, amer, conçu à cet effet.

Chapitre 4

....

Les présentations et l'intégration

L es chats sont des êtres sociaux et territoriaux. C'est pourquoi l'accueil d'un nouveau venu exige doigté et patience, sans oublier l'ingrédient indispensable : les incitatifs ! Les efforts que vous devez consacrer à l'acclimatation d'un nouveau chat seront récompensés et vos chats cohabiteront en toute quiétude et formeront souvent un noyau amical et solidaire.

D'aucuns croient qu'il suffit de rassembler tous les chats et les laisser régler la situation entre eux, mais c'est la pire chose à faire, car, contrairement au chien, le chat n'est pas un animal de meute et n'est pas très enclin à partager son environnement avec un nouveau venu. Si vous ne préparez pas la venue d'un nouveau chat, la bagarre risque d'éclater et vous serez alors aux prises avec des problèmes considérables. Pour éviter ces situations fâcheuses, prenez les mesures qui s'imposent.

Avant tout, demandez-vous s'il est bien raisonnable d'ajouter un chat à la maisonnée. Ce nouveau venu brisera-t-il l'harmonie ? Tous les chats auront-ils assez d'espace pour vivre confortablement ? Aurez-vous la patience de préparer la venue de ce chat? Même si vous devez agir rapidement, par exemple dans le cas du sauvetage d'un chat, vous devez planifier avec soin son accueil afin d'éviter au groupe un stress inutile.

Un coin bien à lui

Lorsque vous introduisez un chat chez vous, il est essentiel de lui fournir un endroit calme, sûr et bien à lui. Il aura besoin de ce lieu où il prendra ses aises et ses premiers points de repère. Quant aux chats résidents, pourquoi les mettre immédiatement en présence d'un intrus qui empiète sur leur territoire?

Dans ce lieu «personnel», votre nouveau pensionnaire prend le temps de humer les odeurs de la maison, de vous connaître et d'établir un lien de confiance. Le chat qui aura survécu à un traumatisme physique ou émotionnel vivra plus facilement cette convalescence dans un lieu tranquille et confortable, qui peut être aménagé dans toute pièce munie d'une porte. Pour l'instant, ce chat a besoin de peu d'espace, mais d'un grand sentiment de sécurité. Même s'il est votre seul animal, il aura besoin de ce lieu circonscrit. Sachez qu'il est difficile pour un chaton de circuler dans une vaste maison. Il risque d'oublier l'emplacement de son bol de nourriture ou le trajet qui mène à la litière. Si le nouveau venu est un chat adulte, il serait dommage de le voir passer plusieurs semaines sous le lit ou dans la garde-robe en raison de sa grande inquiétude.

La préparation du lieu réservé

Ce qui effraie le plus un chat est de n'avoir nul endroit où se cacher, donc cette pièce ne doit pas être vide. Placez divers objets qui lui serviront d'abris: s'il n'a qu'une seule cachette, par exemple sous le lit, il y restera pendant des semaines. Des boîtes disposées çà et là feront des miracles. Collez deux boîtes et couvrez-les d'un vêtement imprégné de votre odeur. Si le chat est terrorisé, créez des tunnels avec des boîtes en carton ou des sacs en papier ajustés à sa taille. Un tunnel confectionné avec des morceaux de tissus doux ferait tout aussi bien l'affaire.

Placez les bols d'eau et de nourriture dans un coin de la pièce et la litière du côté opposé, car les chats ne font jamais leurs besoins près de l'endroit où ils s'alimentent. Veillez donc à bien séparer ces deux zones, même si le lieu est exigu.

La litière ne doit pas être couverte. Si le nouveau chat est adulte et domestiqué, fournissez-lui d'abord la litière qu'il connaît, puis amenez-le graduellement à s'habituer au type de litière que vos chats utilisent en incorporant une certaine quantité, chaque jour de plus en plus grande, de la nouvelle litière dans l'ancienne.

La pièce est-elle sûre?

Faites le tour de la pièce et examinez tout ce qui s'y trouve. Ne laissez pas pendre de cordons électriques, enlevez les objets fragiles, assurez-vous que les lampes ne sont pas trop massives, raccourcissez les cordons de vos stores vénitiens, etc. Si le nouveau venu est un chaton, enduisez les cordons électriques d'une crème au goût amer conçue pour repousser les animaux.

Installez une veilleuse. Ainsi, lorsque vous visiterez votre chat, vous n'aurez pas à allumer un plafonnier à lumière vive qui surprendrait l'animal. La veilleuse est particulièrement indiquée pour un chat rescapé ou terrorisé.

Les phéromones agréables

Si votre nouveau chat est un adulte, utilisez le produit Feliway dans la pièce (voir chapitre 7). Grâce aux phéromones synthétiques qu'il contient – imitant les phéromones faciales émises par le chat quand il se frotte la tête –, ce produit permet de modifier les comportements indésirables des chats. En effet, le chat a l'habitude de se frotter la tête contre la personne ou la chose avec laquelle il se sent à l'aise, laissant ainsi une odeur qui le calme et le rassure. Je vous recommande le diffuseur électrique Feliway, et non pas le vaporisateur. Le diffuseur couvre soixante mètres carrés et agit durant un mois.

Le griffoir

Dans le lieu réservé du chat, on doit installer un griffoir qui lui permettra non seulement de faire ses griffes et de s'étirer les muscles, mais aussi de se sentir à l'aise dans un lieu qui ne lui est pas encore familier. Le fait de voir ses propres marques de griffes et de reconnaître l'odeur des phéromones qu'il émet par les coussinets plantaires le rassurera. N'installez pas un griffoir déjà utilisé par d'autres chats : le nouveau venu serait brusquement confronté aux marques et aux odeurs des félins résidents qui, eux, seraient privés d'un de leurs plus précieux outils.

Pour en savoir plus sur les différents types de griffoirs, consultez le chapitre 8. Personnellement, je vous recommande un grand griffoir vertical, couvert de sisal, ainsi qu'un autre, horizontal, fait de carton ondulé peu coûteux – les chats en raffolent ! Comme vous ne connaissez probablement pas encore les préférences de votre nouveau pensionnaire – griffoir horizontal ou vertical –, protégez vos meubles en lui offrant les deux modèles.

Les jouets

Vous devez prévoir des jouets pour ses moments de solitude et au moins un jouet interactif que vous utiliserez avec lui (par exemple, un jouet canne à pêche). En jouant avec votre chat, vous développerez un lien de confiance. Au début, gardez vos distances, jusqu'à ce qu'il vous associe à ses expériences agréables. Voyez le chapitre 5 pour en apprendre davantage sur les jeux interactifs.

Procurez-lui des jouets comme des souris en fourrure ou des balles rainurées vendues dans les animaleries. Un choix judicieux est la souris Play-n-Squeak. Prenez en considération l'âge, la taille et le tempérament de votre chat. N'offrez pas un jouet colossal à un chaton ou à un chat terrorisé.

Les petits extras

Les chats adorent les perchoirs élevés. Mettez donc un arbre à chats ou un perchoir devant une fenêtre. Installez au moins un lit sur une boîte ou sur un meuble, ou empilez sur votre lit des oreillers ou des serviettes pour que le chat puisse s'y étendre à son aise.

Si le lieu réservé contient un lecteur de DVD ou de vidéocassettes, projetez des films conçus pour les félins. Votre chat se croira dans un hôtel cinq étoiles.

Les espaces réduits

Si vous ne disposez d'aucune pièce pour recevoir ce chat et que vous devez utiliser la salle de bains, assurez-vous de lui offrir une cachette et un certain confort. Si possible, placez un lit ou une serviette pliée au fond d'une boîte déposée sur le comptoir. Utilisez au maximum l'espace disponible.

Préparer les autres pièces du logis

Vous devrez d'abord disposer plusieurs bacs à litière dans le logis. Même si vous n'accueillez qu'un deuxième chat, ils ne partageront peut-être pas la même litière. Et, si vous avez plusieurs chats, un nouveau venu risque de modifier l'équilibre établi. Soyez donc vigilant et ajoutez un ou deux bacs à litière, ou modifiez leur emplacement. Si possible, chaque chat devrait avoir son bac. Lorsqu'on accueille un nouveau chat, et surtout s'il s'agit d'un deuxième chat, il faut installer un nouveau perchoir ou un autre arbre à chats.

Les mesures de sécurité

Si le nouveau venu est un chaton, il pourrait se mettre à jouer avec des cordons ou à renverser les objets. Rendez la pièce sûre ; assurez-vous que les moustiquaires sont bien en place et rangez les objets fragiles.

Encore ces phéromones

S'il est vrai que le produit Feliway aidera le nouveau venu à se sentir à l'aise dans ses quartiers, il sera tout aussi apprécié des chats qui se trouvent de l'autre côté de la porte. Par conséquent, vaporisez-en sur cette porte ou placez un diffuseur électrique à proximité.

Le vétérinaire avant toute chose

Avant d'emmener votre nouveau chat à la maison, passez chez le vétérinaire qui fera les examens nécessaires et qui, au besoin, administrera vaccins et vermifuges. Il faudrait aussi vous assurer que l'animal n'est pas atteint de la gale auriculaire et qu'il n'est pas infesté de parasites (notamment tiques et puces). Le vétérinaire prescrira peut-être une mise en quarantaine ou un suivi médical avant que le nouvel arrivant soit mis en présence des chats résidents.

Assurez-vous que la vaccination de tous vos chats est à jour. Si certains ne peuvent être vaccinés en raison de leur âge ou d'une maladie, n'emmenez pas un nouveau chat à la maison sans en avoir discuté avec le vétérinaire.

L'accueil du nouveau chat

C'est le grand jour ! Emmenez le nouveau chat dans la maison (en le laissant dans sa cage) et dirigez-vous vers son lieu réservé, prêt à le recevoir. S'il s'agit d'un chat adulte, ouvrez la porte de sa cage et quittez la pièce. Il pourra demeurer dans sa cage et prendre tout son temps avant de s'aventurer dans la pièce, sans être intimidé par votre présence. Ses bols d'eau et de nourriture doivent être disponibles, mais il serait étonnant qu'il ait faim pour l'instant. Par contre, il pourrait être soulagé d'apercevoir le bac à litière. Laissez-le seul un bon moment et profitez-en pour vous occuper des autres chats, mais ne cherchez pas à les persuader que tout est normal en les caressant plus qu'à l'habitude, sinon ils seront convaincus du contraire! Comportez-vous comme vous le faites normalement.

Si le nouveau venu est un chaton, restez près de lui un moment et assurez-vous qu'il saura retrouver tous les éléments qui composent son univers.

Pendant les premiers jours, laissez dans le lieu réservé un chandail ou un peignoir que vous mettrez par-dessus vos vêtements afin de pouvoir prendre le chaton sans vous imprégner de son odeur. Lavez-vous les mains après avoir quitté la pièce.

Si l'un de vos chats semble inquiet et se tient près de la porte du nouveau venu, jouez avec lui devant cette porte et attirez-le ailleurs peu à peu. Que vous le vouliez ou non, vos chats s'intéresseront à cette porte (c'est bon signe, ils veulent faire connaissance) et vous ne pourrez pas toujours les en écarter. Cependant, la distraction créée par le jeu vous servira à éviter au chat la frustration d'avoir à attendre pour assouvir sa curiosité.

Créez tôt un lien de confiance avec votre nouveau chat en l'amusant avec des jeux interactifs. Si c'est un chaton, il apprendra à vous aimer et à dépenser son trop-plein d'énergie. S'il s'agit d'un adulte effrayé, le jeu lui procurera un certain réconfort.

Accueillir un nouveau venu comporte deux éléments fort importants: d'abord, vous devez l'isoler des autres et faire en sorte que tous n'utilisent qu'*un seul sens à la fois* pour faire connaissance entre eux; ensuite, vous devez *donner à vos chats une raison de s'aimer mutuellement*. L'isolement initial n'est qu'une étape. En fait, vous pouvez les séparer ainsi des mois durant, mais si vous ne créez pas d'associations positives entre eux, le jour de la rencontre risque d'être un échec.

L'étape de l'isolement permettra aux chats résidents et au nouveau venu de faire connaissance d'abord par l'ouïe ou par l'odorat. En obligeant les félins à n'utiliser qu'un sens à la fois, vous éviterez les débordements émotifs, jusqu'à un certain point!

Maintenant que votre nouveau venu est installé dans ses quartiers, laissez le temps faire son œuvre. Il est possible que vos chats soient déjà bouleversés par cette présence, de l'autre côté de la porte. Permettez-leur de s'y habituer. Quelques jours suffiront dans certains cas, d'autres chats exigeront des semaines d'acclimatation, voire des mois. Faites appel à votre jugement pour décider du moment de la première rencontre face à face. Vous connaissez vos pensionnaires et êtes le meilleur juge. La routine de vos chats doit être bien en place, ils doivent être d'humeur à jouer et ne pas être en train de se quereller. Le nouveau venu doit se sentir en sécurité, sans quoi il risque de rester caché.

ASTUCE FÉLINE : ÊTRE PATIENT

Ne tentez surtout pas d'accélérer le processus en tenant le nouveau venu en face d'un de vos chats pour les forcer à faire connaissance! Un tel geste serait désastreux et risquerait de causer des blessures aux animaux.

Échangeons nos chaussettes

Sollicitez l'odorat pour commencer. Le jeu des chaussettes aidera le nouveau venu et les autres chats à faire plus ample connaissance en toute sécurité, dans une situation contrôlée.

Choisissez quelques chaussettes et mettez-en une sur votre main. Approchez-vous de l'un des chats résidents et frottez-lui la joue avec cette chaussette pour l'enduire de phéromones. Faites de même avec tous vos chats en utilisant une nouvelle chaussette pour chacun. Vous éviterez ainsi toute tension. Si vous avez beaucoup de chats, procédez par étapes. Commencez par un ou deux chats, ceux qui semblent les plus accueillants, ou par le plus calme pour éviter toute intimidation. Ce geste portera ses fruits plus tard, puisque ces deux-là se rencontreront en tête-à-tête les premiers.

Lorsque la chaussette est imprégnée de l'odeur d'un chat, allez voir le nouveau venu et caressez-lui la face avec une nouvelle chaussette. Laissez-lui la première chaussette (celle avec l'odeur du chat résident), puis quittez les lieux avec la chaussette portant son odeur et portez-la dans la pièce centrale de la maison. Ensuite, placez une ou deux chaussettes près du lit du nouveau venu pour qu'il s'y étende, puis mettez-les ensuite dans la pièce centrale de la maison à l'intention des autres chats. Cette méthode, qui permet aux chats de s'habituer doucement les uns aux autres, vous permettra aussi de mesurer le degré d'anxiété de vos animaux. Si l'un d'eux se met à siffler, cracher et gronder avant de s'attaquer à la chaussette, la première rencontre devra avoir lieu plus tard. Si les chats sentent la chaussette sans y accorder trop d'intérêt, c'est bon signe, mais ne désespérez pas si l'un d'eux réagit fortement et négativement. Même si une rencontre semble difficile au début, elle peut évoluer agréablement avec le temps.

Pratiquez le jeu des chaussettes plusieurs fois par jour, pendant un certain temps, jusqu'au moment où ils sauront reconnaître leurs odeurs respectives.

Échangeons nos chambres

En premier lieu, enfermez tous les chats résidents dans une pièce afin de permettre au nouveau venu de parcourir la maison sans craindre d'être attaqué. Pendant sa visite, il imprégnera les lieux de son odeur, et les autres chats s'habitueront ainsi à sa présence.

Pendant cette exploration de la maison, laissez le nouveau venu se promener à sa guise. Il sait où se trouve son lieu réservé et pourra s'y réfugier si tout va trop vite. Évitez de le prendre dans vos bras et de le poser au milieu d'une grande pièce : s'il a peur, il ira se cacher. S'il devient nerveux, ayez recours au jeu interactif pour faire diversion, ou utilisez la nourriture comme appât pour le retenir dans la pièce.

Le moment est venu d'emmener les chats résidents dans le lieu réservé au nouveau venu. Celui-ci, évidemment, se trouvera alors seul dans une autre pièce. En toutes circonstances, soyez prêt à *rediriger toute forme d'agression*. Si un chat se sent incommodé, il risque de s'attaquer à l'un de ses congénères, c'est pourquoi il est important de faire entrer d'abord le chat le plus calme et accueillant. Évitez de forcer un chat à pénétrer dans cette pièce. Il est préférable d'ouvrir la porte et de le laisser décider s'il ira ou non.

Si votre appartement est trop petit pour user de cette stratégie, demandez l'aide d'un membre de votre famille. Vous éviterez ainsi de jouer au cow-boy au milieu d'une horde de chats. Si vous habitez seul, un ami ou un voisin peut vous donner un coup de main. Placez le nouveau venu dans sa cage et laissez-le un moment chez le voisin pendant que les autres chats visitent ses quartiers.

Lorsque les visites mutuelles sont terminées, récompensez vos chats avec des friandises ou un repas. Prenez soin de toujours clore ces visites par un geste positif. Ces visites doivent être courtes. L'élément le plus important est la découverte de la pièce centrale de la maison par le nouvel arrivant. La visite de son lieu réservé par les autres chats est secondaire. Si les animaux semblent perturbés, laissez tomber.

Répétez l'exercice quelques fois pendant la journée, jusqu'à ce que vos chats soient à l'aise au milieu de ces effluves.

Heureux de faire ta connaissance

Maintenant que les chats sont à l'aise, il s'agit d'organiser une rencontre face à face. Cette rencontre doit être brève et positive. Souvenez-vous d'une règle de base : *vous devez donner à vos chats une raison de s'apprécier mutuellement.* Ouvrez la porte du lieu réservé du nouveau venu, puis offrez des gâteries à tous les chats (par exemple, du poulet cuit et coupé en petits morceaux), y compris le nouveau. Placez les bols dans des coins opposés de la pièce. L'astuce est de leur montrer que des choses agréables surviennent lorsqu'ils sont tous ensemble. Si l'un des chats n'est pas attiré par la nourriture, utilisez les jeux interactifs pour faire diversion. Faites de même avec un chat trop préoccupé par un compagnon. Si le nouveau venu choisit de rester dans un coin de son lieu réservé, c'est parfait ainsi.

Dès que le goûter est terminé ou après quelques minutes de jeu, mettez fin à la rencontre. Il est préférable de répéter des séances de trente secondes qui se passent bien que de forcer les chats à passer ensemble une demi-heure qui se termine mal. Si tout se déroule bien, vous devrez résister à la tentation de prolonger l'expérience : il vaut mieux bien faire les choses dès le départ pour avoir toutes les chances de réussir l'intégration du nouveau venu.

De temps à autre, prenez un peu de litière souillée dans le bac du nouveau venu et versez-la dans le bac des autres chats. Commencez par un huitième de cuillère à thé ; n'en mettez pas plus au risque de provoquer une aversion pour la litière. Prenez ensuite un peu de litière du bac des chats et versez-la dans la litière du nouveau venu. Si les réactions sont négatives, cessez et recommencez plus tard avec une quantité moindre.

La progression

Même si vos chats font des progrès et interagissent de plus en plus longtemps ensemble (durant au moins une heure), laissez tout de même le nouveau chat dans son lieu réservé durant la nuit ou lorsque vous vous absentez. Sachez superviser la situation discrètement, ne donnez pas l'impression de surveiller vos chats. Vous voulez déceler leurs réactions, soit, mais si vous êtes trop présent ils risquent de les camoufler. Certains chats se sentent plus en sécurité lorsque le maître est tout près ; à vous de trouver l'équilibre. Soyez naturel et détendu.

Si la tension monte autour du nouveau venu, faites diversion avec des jouets ou des friandises. Toute action agréable aura un effet bénéfique.

ASTUCES FÉLINES : RAPPELS

- N'oubliez pas de récompenser le comportement positif et de clore une séance d'apprentissage dans un climat agréable.
- Favorisez les séances courtes qui se terminent sur une bonne note.
- Malgré votre désir de voir vos chats bien s'entendre, soyez patient et laissez-les évoluer à leur rythme.

Si un chat est sur le point d'attaquer l'autre, vous pouvez claquer des doigts ou frapper des mains. Toutefois, plus vous saurez maintenir une ambiance agréable, plus les chats s'accepteront rapidement. Ne vous emportez pas, ne punissez pas un chat résident qui se montre agressif. Ce serait contraire à votre objectif de créer chez vos protégés des associations positives.

Gardez l'œil ouvert, car certaines menaces sont subtiles. On ne remarque pas toujours un chat qui fixe l'autre du regard ou qui soulève les pattes arrière, mais ces postures peuvent être menaçantes pour le nouveau venu. Si l'un des chats est souvent agressif, mettez-lui une clochette autour du cou pour suivre tous ses mouvements.

Ne désespérez pas s'il vous faut des jours, des semaines ou des mois avant d'obtenir le résultat escompté. Respectez le rythme naturel des animaux. Certaines étapes se feront en douceur, d'autres seront plus difficiles. C'est normal, patience !

Quand rien ne va plus

Il arrive que le nouveau venu ait du mal à quitter la sécurité de son lieu réservé. Si c'est le cas, ralentissez le rythme. Il est possible que les rencontres face à face aient été trop longues, ou certaines étapes trop rapides. Si rien n'y fait, remplacez la porte de la pièce du nouveau chat par une porte moustiquaire. Ou installez dans l'encadrement des clôtures pour les enfants – trois clôtures en hauteur. Optez pour le modèle à battant ; il vous suffira de la pousser pour entrer et sortir de la pièce. Ces méthodes laissent aux chats la possibilité de se voir et de se rapprocher tout en préservant leur sentiment de sécurité. Il est rare qu'on ait besoin de recourir à ces mesures, mais elles peuvent vous éviter d'avoir à revenir à la case départ, c'est-à-dire à la séparation complète.

La nouvelle personne dans votre vie

Assez souvent, nos chats acceptent facilement la nouvelle personne avec qui nous souhaitons partager notre vie ou du moins notre foyer. Mais que faire dans le cas contraire ?

Préparatifs

Vos chats aimaient bien la personne élue lors de ses visites, pendant la période des fréquentations, mais il en va tout autrement depuis que vous vivez sous le même toit (voir la rubrique *La nouvelle demeure et les chats*).

Si la personne déménage chez vous avec ses meubles, intégrez dans le décor quelques meubles à la fois en prenant soin d'en vaporiser les coins avec du Feliway. Si vous songez à tout déménager d'un coup, apportez dans la maison quelques articles parmi les moins volumineux avant le grand jour. Si vous agissez graduellement, cette transition se fera en douceur. Ce faisant, préservez la routine de vos chats. Respectez l'horaire des repas et des jeux s'il est établi depuis longtemps.

Vous devez également connaître les opinions et les réactions de l'autre personne par rapport à vos chats. Souffre-t-elle d'allergies ? Que pensera-t-elle des chats qui grimperont sur ses meubles ou qui dormiront dans votre lit ? Discutez de ces questions avant qu'elles deviennent source de discorde. Si vous décidez d'interdire dorénavant votre chambre aux chats, vous avez tout intérêt à modifier leurs habitudes avant l'arrivée de l'autre personne : vous ne voulez pas que vos chats lient leur expulsion de votre chambre avec l'arrivée de cette personne importante à vos yeux. Commencez par tenir la porte de la chambre fermée toute la journée. Cependant, vous réduirez ainsi leur territoire. Prenez donc soin d'installer d'autres arbres à chats, des perchoirs et des cachettes dans les autres pièces de la maison.

Mais que faire si vos chats détestent la personne que vous aimez ? D'abord, celle-ci ne doit pas s'efforcer de se faire aimer des animaux par tous les moyens. Bien sûr, les associations positives entre elle et les chats sont importantes, mais pour que tout aille pour le mieux il est primordial de respecter le rythme des animaux, de ne pas leur imposer le vôtre.

ASTUCES FÉLINES : CONSEILS POUR LA PERSONNE QUI N'EST PAS FAMILIARISÉE AVEC LES CHATS

- Essayez de comprendre comment les chats perçoivent votre présence. Évitez d'élever la voix ou de faire de grands gestes.
- Voyez comment les chats réagissent selon la vitesse à laquelle vous vous déplacez, ou selon le son de vos pas. Les chats qui ont toujours vécu avec une femme sont parfois effrayés par les pas lourds d'un homme ; et ceux qui ont toujours vécu avec un homme deviennent parfois nerveux en voyant les mouvements rapides d'une femme ou en entendant sa voix aiguë. Ils peuvent même réagir négativement au parfum qu'elle porte.
- Évitez d'approcher le chat ou de le prendre dans vos bras.

- Évitez d'aller dans la zone réservée du chat; attendez qu'il vienne à vous.
- Laissez le chat vous sentir sans l'interrompre. Restez immobile jusqu'à ce qu'il ait complété son examen olfactif.
- Préparez ses repas, mais ne restez pas près de son bol s'il semble nerveux.
- Laissez le propriétaire amorcer la première séance de jeux interactifs, puis prenez le relais. Par la suite, alternez les périodes de jeux entre vous et l'autre personne. Achetez quelques nouveaux jouets excitants.
- Ne prenez jamais l'initiative de punir ou de réprimander un chat.
- Évitez de déranger un chat couché sur sa chaise; laissez faire le propriétaire. Si ce dernier est absent et que vous avez besoin de cette chaise, attirez le chat ailleurs en utilisant un jouet ou une friandise.
- Avant de caresser le chat, présentez-lui un doigt à renifler. Tenez le doigt immobile et laissez l'animal s'approcher. Ce geste rappelle les bonnes manières entre chats amis qui se frottent nez contre nez pour se saluer. Si vous faites preuve de «savoir-vivre», le chat vous montrera que vous pouvez l'approcher.

Les familles recomposées

Les membres d'une famille recomposée doivent relever de nombreux défis, dont celui de réunir les animaux domestiques de chacun. Comment préparer les chats en conséquence? En suivant quelques règles élémentaires.

Préparatifs

Si vous déménagez chez votre nouveau conjoint, placez vos chats dans le lieu réservé et suivez les étapes de l'intégration; si votre conjoint emménage chez vous, ses chats iront dans leur lieu réservé. Cette situation est extrêmement angoissante pour les chats, qui auront besoin d'être bien entourés. Ces animaux détestent le changement, n'aiment ni déménager ni voir arriver un nouveau membre au sein de la famille ou de nouveaux chats sous leur toit.

Si toute la famille recomposée déménage dans une nouvelle demeure, la situation présente certains avantages du point de vue des chats, puisqu'il s'agit d'un territoire neutre que nul n'a encore réclamé. Aménagez deux pièces pour en faire les lieux réservés de chacune des familles de chats, puis agissez comme vous l'auriez fait en accueillant un nouveau félin dans votre ancienne demeure. Laissez le temps aux animaux de s'habituer aux lieux avant de passer aux étapes suivantes. Les deux familles de chats exploreront la maison l'une après l'autre, chacune à son rythme. Quel groupe doit passer en premier ? Celui qui rassemble les individus habituellement les plus craintifs. En effet, en explorant la maison les premiers, les chats timides ne seront pas troublés par l'odeur des chats plus hardis. Une fois que chacune des familles de chats aura retrouvé le calme de son lieu réservé, après avoir exploré toute la maison, vous pourrez passer à l'étape des présentations.

La nouvelle demeure et les chats

Quel changement ! Rien ne saurait perturber davantage un chat, puisque son sentiment de sécurité lui vient avant tout de son environnement quotidien.

Dans la demeure précédente, vos chats avaient établi une hiérarchie sociale et s'étaient partagé des territoires. Chacun avait chèrement gagné son petit coin. Pour un chat, un déménagement se compare à un ouragan ; c'est le chaos.

Préparatifs

Pendant les préparatifs du déménagement, vaporisez du Feliway à la base des boîtes de carton avant de les utiliser. Habituellement, les chats adorent les boîtes, mais de les voir envahir la maison peut les angoisser. Sans compter que l'air se remplit d'odeurs étranges.

Avant de vous installer dans la nouvelle demeure, réservez-y un lieu pour vos chats. Tenez compte de leur nombre et de leur tempérament.

Par exemple, logez ensemble des chats qui s'accordent bien même en période de stress. Quelques meubles familiers et leurs objets favoris devraient leur permettre de se sentir en sécurité.

Si possible, essayez de créer un environnement semblable à celui que les chats ont quitté. Évitez de renouveler tout votre mobilier. Les chats aimeront reconnaître leurs meubles favoris, même si la disposition diffère. Si ces meubles étaient recouverts d'un jeté ou de coussins, ne lavez pas ces accessoires avant de déménager. Vos chats se sentiront mieux dans leur nouvelle maison s'ils reconnaissent certaines odeurs.

Ce déménagement risque de vous épuiser, mais essayez quand même de respecter la routine des chats pour les aider à s'acclimater plus rapidement. Ne négligez pas les périodes de jeux : ils en ont besoin plus que jamais ! Faites de courtes séances avec des jouets interactifs dans chacune des pièces de la maison, afin de créer des associations positives chez vos félins.

Malgré le stress qu'engendre un déménagement, vous découvrirez avec joie que votre nouvelle demeure offre bien des avantages, dont celui d'être un territoire neutre permettant aux chats de se connaître sous un nouveau jour. Les changements territoriaux peuvent être bénéfiques à certains chats, surtout si la nouvelle maison est plus grande que l'ancienne. Par ailleurs, il n'est pas rare d'observer à la suite d'un déménagement des changements au sein de la hiérarchie, surtout chez les chats des rangs médians.

Les bébés et les enfants

Les enfants et les chats peuvent faire bon ménage, mais vous devez prendre certaines précautions pour que les animaux s'adaptent à un nouveau mode de vie. Bien des gens croient que les chats réagissent mal à l'arrivée d'un bébé à cause de la jalousie. C'est faux. Lorsque le chat modifie un comportement, comme faire ses besoins à côté du bac à litière, il exprime l'anxiété qu'il ressent face à une situation qu'il ne comprend pas. Souvenez-vous : *le chat déteste le changement et le chat est un être territorial.* Imaginez son angoisse de découvrir un petit être chauve, à l'odeur étrange, qui s'époumone à côté de lui ! Qui plus est, son maître se comporte étrangement lui aussi. Quand bébé arrive, personne ne demande au chat son avis, et ce dernier est dépassé par les événements, tout simplement.

Si vous avez plusieurs chats, la dynamique entre eux pourrait changer à l'arrivée de bébé. Si l'un d'eux s'inquiète, d'autres pourraient en faire autant. Il se produit une réaction en chaîne, puis la confusion s'installe au sein du groupe. Les plus susceptibles d'éprouver de l'angoisse sont les chats affectueux, puisque vous accordez maintenant toute votre attention au nouveau-né. Certains miauleront sans cesse, d'autres urineront ou déféqueront sur votre lit ou sur vos vêtements afin de mélanger leurs odeurs aux vôtres. Le chat fautif en sera soulagé, mais les autres seront confus de sentir des odeurs familières en des lieux inhabituels. Quand on a plusieurs chats, il faut non seulement considérer le comportement du chat fautif, mais aussi observer comment il influence ses congénères.

Préparatifs

Avant l'arrivée de bébé, établissez graduellement les conditions du changement. Si vous devez utiliser pour bébé une pièce que les chats fréquentent, incitez-les peu à peu à déserter cet endroit. Si un arbre à chats s'y trouve, mettez-le ailleurs (tout en respectant les droits territoriaux). Prenez le temps de jouer avec vos chats dans ce nouvel environnement pour qu'ils s'y sentent bien. Et puis, comme vous réduisez le territoire horizontal, augmenter d'autant plus le territoire vertical. Ces nouvelles zones seront fort utiles plus tard, lorsque les chats voudront s'éloigner du bébé qui pleure.

Décorez progressivement la chambre de l'enfant et laissez les chats s'accoutumer aux nouvelles odeurs. Évitez de faire toutes les modifications en même temps.

Si vous laissez vos chats circuler librement dans la chambre d'enfant, prenez soin de ne jamais les laisser monter dans le berceau. Il est faux de prétendre que les chats volent le souffle des enfants. Cette croyance populaire s'est probablement répandue pour expliquer le phénomène que nous connaissons aujourd'hui sous le nom de syndrome de mort subite chez le bébé. Toutefois, tant que le bébé sera incapable de se retourner seul, ne mettez rien dans son berceau, pas même une couverture. Évidemment, les chats seront d'avis qu'un berceau vide est l'endroit rêvé pour se reposer; alors, commencez leur éducation sans tarder. Munissez-vous de canettes et de bouteilles de plastique vides. Glissez des pièces de monnaie dans chaque contenant et fermer l'ouverture avec du ruban adhésif. Déposez ensuite ces choses bruyantes dans le berceau de manière à le rendre inconfortable pour les chats. Laissez le tout en place jusqu'à l'arrivée de bébé. Si tout fonctionne comme prévu, les chats considéreront le berceau comme un lieu désagréable. À l'arrivée de bébé, si vous avez encore des inquiétudes, couvrez le berceau d'une tente spéciale. Robuste, la Cozy Crib Tent supporte le poids d'un chat. Vous pouvez la commander en ligne et dans certains magasins d'articles pour enfants. Mais attendez de voir comment les choses se passeront avant d'en acheter une : les pleurs et les hurlements du bébé suffisent souvent à éloigner les chats du berceau.

Les chats s'habitueront mieux à l'odeur du bébé à venir si la future maman s'enduit le corps de talc ou de lotion. Commencez aussi à laver les vêtements de la maison avec de la lessive pour le linge d'enfant. Vous ferez ainsi d'une pierre deux coups puisque, en plus de préparer les chats à la venue de l'enfant, vos vêtements n'auront jamais été si blancs. En effet, cette lessive est conçue pour faire disparaître les taches tenaces que fait la nourriture pour les bébés.

Personnellement, j'ai utilisé un autre stratagème pour préparer mes chats à la venue de bébé : je les ai habitués aux sons étonnants produits par les jouets d'enfants.

Vos chats n'ont jamais côtoyé de bébé, mais vos amis en ont un? Invitez-les chez vous de temps en temps avec l'enfant. Les visites doivent être brèves et se dérouler aussi calmement que possible, donc évitez l'heure de la sieste, quand le bébé risque d'être de mauvaise humeur. Demandez à vos amis d'enregistrer les bruits du nourrisson, notamment ses pleurs. Lors des séances de jeux interactifs avec les chats, faites-leur entendre l'enregistrement à faible volume.

Les futurs parents commettent parfois l'erreur d'accorder à leurs chats beaucoup d'attention avant l'arrivée de bébé, dans l'espoir que les félins seront suffisamment rassurés, le moment venu, pour ne pas être perturbés par cette nouvelle présence. Hélas, cette méthode aura l'effet inverse! Une fois le bébé arrivé, les parents seront incapables de donner aux chats toute l'attention à laquelle ils se sont habitués, et les animaux en souffriront. Il est donc préférable d'établir un horaire réaliste bien avant la venue de bébé et de s'y tenir.

Si vous n'avez ni arbre à chats ni perchoir, procurez-vous-en avant la naissance de l'enfant. Vos chats doivent avoir eu le temps d'apprivoiser ces appareils, car, lorsque bébé commencera à se traîner au sol, ils voudront fuir et trouver refuge en hauteur. Vous croyez avoir tout votre temps, mais vous serez étonné de voir comment bébé grandit vite. Croyez-moi, il vous sera plus facile de magasiner et d'aider vos chats à s'acclimater à leur nouvelle vie avant l'arrivée de l'enfant.

Il convient aussi de faire quelques changements du côté du bac à litière. Déplacez-le pour qu'il soit hors de portée de l'enfant, mais agissez par étapes pour ne pas brusquer les chats. Poussez le bac de quelques pieds à la fois chaque jour jusqu'à son nouvel emplacement. Et n'oubliez pas les questions territoriales: ce nouvel emplacement conviendra-t-il à tous les chats?

Bébé est enfin arrivé, mais certains chats s'adaptent mal à la situation? Vous pouvez encore intervenir. D'abord, ne négligez surtout pas les périodes de jeux interactifs. Soyez au poste deux fois par jour au moins. Vous deviendrez expert dans l'art de tenir bébé d'un côté et le jouet canne à pêche de la main libre. Si d'autres membres de la famille sont disponibles, demandez-leur de s'occuper des chats pendant que vous prenez soin de l'enfant.

Bien que vous ne devriez pas avoir de contact physique avec vos chats pendant que vous nourrissez bébé, lui changez sa couche ou jouez avec lui, vous pouvez tout de même converser avec eux. D'une voix douce, prononcez leurs noms souvent, racontez-leur ce que vous faites. Ils en seront réconfortés et pourront se frotter contre vous pendant que vous vous occupez de bébé.

Restez vigilant et soyez attentif au moindre signe d'angoisse ou de peur chez les animaux. N'attendez pas que le chat devienne agressif et faites immédiatement diversion pour éviter que l'animal associe sa peur au bébé. Mettez des clochettes au cou du chat dont vous vous méfiez le plus pour suivre ses déplacements.

Au fur et à mesure que l'enfant grandit, enseignez-lui à agir en douceur avec les chats, à leur caresser délicatement le dos d'une main grande ouverte. Vous serez étonné de voir comme l'enfant apprendra vite. Et vos chats sauront qu'ils peuvent se laisser toucher par lui en toute confiance.

Ne laissez jamais votre enfant agacer un chat. Enseignez-lui plutôt les secrets du langage corporel félin. Par exemple, on ne dérange pas un chat lorsqu'il se nourrit, lorsqu'il dort ou se repose sur un perchoir, ou quand il va dans la litière.

Si un chat, habituellement doux avec un enfant, devient soudainement agressif ou terrifié en sa présence, l'agression vient peut-être de l'enfant. Il n'est pas rare qu'un enfant frappe accidentellement l'animal se trouvant près de lui, mais il est possible que le geste soit intentionnel. Les enfants agissent souvent à notre insu, alors soyez vigilant et observez attentivement la relation qui unit l'enfant et le chat.

Présenter le chien aux chats

Alors que vous pensiez avoir éliminé toutes les sources de stress de la maison, voici qu'un chiot entre dans votre vie. Du coup, vos chats se précipitent sous le lit ou au sommet des perchoirs.

L'adoption d'un chien peut être un événement heureux pour la famille, mais vous devrez lui apprendre à se comporter convenablement avec vos chats.

Le chat et le chien deviennent souvent d'excellents amis, mais il faut partir du bon pied. Évidemment, ils ne parlent pas le même langage et il vous incombe de les aider à se comprendre. Bien qu'à l'arrivée du chien les questions territoriales ne seront pas un problème comme avec un nouveau chat, vous devrez tout de même enseigner les bonnes manières au chien comme au chat, car ni l'un ni l'autre n'applique les mêmes règles du jeu. Par exemple, le chien aime bien les chasses et les luttes amicales; aussi, quand le chat s'enfuira, le chien croira qu'il s'agit d'une invitation à un jeu de poursuite. Le chat, de son côté, se croira en danger, et par la suite il sera enclin à fuir chaque fois qu'il verra le chien.

Le chien étant d'instinct un animal de meute, il ne comprend pas le rituel des rencontres entre félins. Emmenez votre chien au parc et en quelques minutes il aura trouvé un nouveau copain, alors que deux chats ne se lieront jamais d'amitié en si peu de temps. L'astuce: montrez au chien comment s'approcher des chats sans les brusquer ni les effrayer.

Avant les présentations

Voici comment devrait se dérouler une séance de rapprochement. Le chien est en laisse, mais les chats circulent librement dans la maison. Si vous souhaitez commencer l'entraînement en présence d'un seul chat, choisissez celui qui semble le moins intimidé par le chien. Ayez à portée de main des friandises et des jouets, puis demandez à un ami ou à un parent de se tenir à l'autre bout de la pièce pour distraire les chats et les garder détendus. Le but de cette séance consiste à amener le chien à se concentrer sur *vous*, son guide. Faites-le s'asseoir. Offrez-lui un jouet. Lorsqu'il est bien détendu et concentré sur vous, donnez-lui une gâterie. Si le chien se lève et cherche à s'approcher d'un chat, corrigez-le en tirant sur la laisse et ramenez son attention sur vous. Quand le chien vous obéit, donnez-lui une friandise. La technique des cliquetis peut être utile pendant ces séances. Dès que le chien répond à vos attentes, faites cliqueter l'instrument avant de lui offrir une gâterie. Il fera vite le lien entre le cliquetis et la gâterie. Cette technique est excellente, parce que le chien en vient à comprendre immédiatement ce que vous attendez de lui. Au fil des séances d'entraînement, approchez-vous graduellement des chats. De cette façon, le chien apprendra que les chats ne sont ni des jouets ni des proies. Quant aux chats, ils verront que le chien ne représente pas nécessairement un danger pour eux.

Il est toujours préférable d'avoir un chien bien dressé, mais, quand on a aussi plusieurs chats à la maison, il faut s'assurer que tous s'y sentent en sécurité et sont à l'aise de circuler librement. Si vous avez la moindre inquiétude quant au comportement de votre chien envers les chats, consultez un spécialiste de l'éthologie ou un dresseur qualifié. Ne laissez jamais le chien et les chats sans surveillance, à moins d'avoir l'absolue certitude que leur relation est harmonieuse et stable.

Quand un chien se joint à un groupe de chats, certains changements s'imposent dans la maison. Les bacs à litière doivent être disposés en lieux sûrs et assurez-vous que le chien ne pourra pas tendre une embuscade au chat qui se trouverait coincé dans son bac. Par ailleurs, vous découvrirez peut-être que votre chien se rend parfois dans la litière des chats pour mâchouiller des matières fécales. Ce comportement peut vous sembler dégoûtant, mais il est fréquent. Bloquez l'entrée du bac à litière avec une clôture pour enfant – vos chats pourront passer par-dessus ou au travers, mais pas le chien. Placez une marche du côté du bac pour permettre aux chats de l'utiliser s'ils sont peu enclins à sauter par-dessus la clôture. Si votre chien est de grande taille, élevez la clôture. Ainsi, seuls les chats pourront se glisser par les ouvertures.

À l'arrivée d'un chien dans la maison, l'aire des repas doit aussi être modifiée. Si les bols des chats sont posés à même le sol, il est prudent de les surélever ou de les mettre dans une pièce inaccessible au chien.

ASTUCE FÉLINE : PRÉCAUTION

Vous possédez un oiseau, une souris, une gerboise, un serpent ou tout autre animal susceptible d'éveiller l'instinct prédateur de vos félins ? Veillez à ne *jamais* mettre en présence un chat et une de ses proies naturelles. Même si la cage ou le vivarium de la proie potentielle vous semble sûr, il est *extrêmement stressant* pour un animal de vivre constamment en présence d'un prédateur.

Enfin, installez des arbres à chats et des perchoirs, car les chats auront parfois besoin de se réfugier en lieux sûrs. Si, en vertu de sa grande taille, votre chien peut atteindre les perchoirs les plus élevés, apprenez-lui à se tenir loin des arbres à chats.

Chapitre 5

. . . .

L'heure du jeu

P our éveiller le joueur qui sommeille dans le félin, il faut d'abord comprendre son instinct de chasseur. Le chat ne s'élancera jamais dans une longue course pour chasser sa proie jusqu'à l'épuisement, car c'est un sprinteur qui n'a pas une grande capacité respiratoire. Ses gestes furtifs, sa vitesse et sa précision sont sa véritable force. Le félin en chasse effectue d'abord une reconnaissance discrète des lieux, attentif à tout ce qui pourrait trahir la présence d'une proie : sons, odeurs, mouvements. Dès qu'il en repère une, il s'en approche furtivement, avec lenteur, se servant de tout ce qui se trouve sur son chemin pour se dissimuler : arbre, bosquet, pierre, etc. La tête et le corps s'alignent et se rapprochent du sol. Les moustaches et les oreilles sont tournées vers l'avant. Dès que la proie est à sa portée, le félin bondit sur elle à la vitesse de l'éclair. S'il a visé juste, la proie meurt sur-le-champ, la moelle épinière sectionnée par une morsure.

Astuce féline : attention !

Un chat adulte ne jouera vraiment qu'avec un humain ou un animal familier. Avec un « étranger », le « jeu » peut facilement dégénérer en affrontement.

Lors des séances de jeux interactifs, il s'agit de simuler les conditions réelles de la chasse. Pour vous y préparer et pour fournir au chat une stimulation physique et mentale réaliste, observez son comportement quand il chasse un insecte ou s'élance vers une souris en fourrure. Notez les mouvements qui le stimulent et essayez de les reproduire.

Il existe deux types de jeux : individuel, quand le chat joue seul avec un objet ; et social, quand il s'amuse avec un autre animal (habituellement un autre chat). Les séances de jeux interactifs sont une variante du jeu individuel, mais vous en êtes l'animateur. Ces deux types de jeux sont importants, mais le jeu interactif peut aussi devenir un outil très efficace pour modifier un comportement indésirable.

Vous aurez besoin d'un jouet de type canne à pêche pour vos séances de jeu interactif. Voici pourquoi un tel jouet est indispensable :
- Vous pouvez y attacher un objet et le faire bouger à la manière d'une proie.
- Il éloigne vos mains des dents du chat.
- Il vous permet de créer un lien de confiance avec un chat craintif.
- Le jeu est plus « réel » pour le chat, puisque ce n'est pas lui qui anime la proie.

Pendant que vous animez le jouet, le chat se transforme en prédateur et s'amuse ferme. Cependant, nombre de gens ignorent l'art de jouer correctement avec un chat et celui-ci finit soit par s'ennuyer, soit par se sentir trop stimulé ou frustré.

Le jeu interactif a deux fonctions complémentaires : l'entraînement du chat et la modification d'un comportement indésirable. Pour tirer profit de l'entraînement, établissez un horaire quotidien, et grâce à ces séances le chat restera en bonne santé et le prédateur en lui sera comblé. Et puis ces rencontres quotidiennes aideront à prévenir les problèmes comportementaux, puisque le jeu interactif prévient l'ennui, combat la dépression, réduit le stress chez les félins, les aide à surmonter des expériences traumatisantes, neutralise l'association négative qu'un chat pourrait entretenir avec un lieu ou avec un congénère, etc. Et vous vous amuserez beaucoup vous-même, à tel point que vous aurez hâte à l'heure du jeu !

Excellent prédateur, le chat en liberté peut capturer une dizaine de souris ou de petites proies par jour, mais la chasse exige de lui beaucoup d'efforts. D'où l'importance de respecter l'horaire et d'offrir à vos animaux des séances de jeu quotidiennes pour assurer leur bien-être. Si vous n'avez pas le temps d'amuser tous vos chats le même jour, occupez-vous de ceux qui semblent en avoir le plus besoin. Si vous savez que deux de vos chats se sont amusés ensemble toute la journée, laissez tomber votre séance avec eux.

Vous remarquerez qu'un chaton est toujours prêt à s'amuser, alors qu'un chat adulte est souvent plus « pantouflard ». Puisque le chat adulte est de moins en moins actif au fil des années, on ne prend parfois conscience du problème qu'au moment où le vétérinaire établit son diagnostic : obésité. « Obèse, mon chat ? Comment est-ce possible ? » Le propriétaire se souvient alors que son chat n'a qu'une seule activité physique : l'aller-retour entre le divan et le bol de nourriture.

Un chasseur-né

Offrez à vos chats différents jouets. Pourquoi ? Parce qu'ils sont des prédateurs curieux qui saisissent toutes les occasions de traquer une proie potentielle, peu importe sa nature. Devant un oiseau, la technique de chasse du félin sera un peu différente de celle qu'il utilise pour capturer une souris. En lui offrant des jouets variés, vous lui permettez d'exercer tous ses talents. Cela dit, si votre chat a un jouet préféré, utilisez-le lorsque vous devez attirer son attention ou faire diversion. Si un chat semble n'aimer qu'un jouet, laissez-le faire, mais offrez-lui quand même régulièrement d'autres divertissements.

Dernier conseil : rangez les jouets dans un lieu sûr. Ne les laissez jamais traîner dans la maison, car vos chats risquent de les mordiller, d'en avaler des morceaux ou de s'emberlificoter dans les ficelles. Et puis les jouets pourraient perdre leur pouvoir attractif. Toutefois, vous pouvez leur laisser la souris en fourrure qui finit toujours par se retrouver sous le réfrigérateur, mais placez les jeux interactifs hors de leur portée. Si vos chats découvrent votre cachette, rangez les jouets ailleurs.

Des jouets vivants

Y a-t-il dans votre salon un panier rempli de jouets que vos chats n'utilisent presque plus parce qu'ils doivent tout faire pour animer ces « proies mortes » ? Si oui, procurez-vous un jouet canne à pêche qui permet de simuler les mouvements d'une proie vivante. Tous les jouets suivants sont vendus dans la plupart des magasins spécialisés.

Le jouet Da Bird est un jouet exceptionnel composé de plumes attachées à un pivot pendu au bout d'une ficelle reliée à une perche. Lorsque vous déplacez le jouet dans les airs, il ressemble à un oiseau qui vole et reproduit même le bruit des ailes. Voilà un jouet qui devrait avoir sa place dans votre arsenal. Il devrait exciter jusqu'à votre chat pantouflard le plus endurci !

Le Cat Dancer est un autre jouet qui fait un malheur chez les chats. Il s'agit d'une longue tige flexible au bout de laquelle sont attachés des rouleaux très serrés de papier robuste. Au moindre mouvement, le Cat Dancer tressaute et bondit en tous sens. On dirait les mouvements imprévisibles d'une mouche en plein vol. Ce jouet est conçu pour plaire aux chats très énergiques et agiles.

Le Dragonfly est un autre type de jouet suspendu. Il s'agit d'une superbe libellule en Mylar (polyester) qui pend au bout d'un manche de bois. La corde est si fine que le chat ne voit que l'insecte qui bouge au gré de votre fantaisie, avec des mouvements d'un réalisme étonnant. Lorsque le jouet est en mouvement, les ailes de la libellule produisent un son irrésistible qui ravit les chats. Et je dois avouer que j'éprouve autant de plaisir qu'eux ! Autre avantage du Dragonfly : comme le Cat Dancer, mais contrairement aux jouets munis d'une longue perche, il peut être utilisé dans une aire de jeu aux dimensions réduites.

Votre chat adore les ondulations du serpent ? Il sera fou du Swizzle Teaser. Vous n'aimez pas les serpents ? Pas de panique : celui-ci est charmant et doux. Il est recouvert de fourrure et sa queue est faite de plumes. Vos chats raffoleront de cette « bestiole » qui serpentera le long du mur, disparaîtra derrière le divan avant de revenir en volant. Le jouet est silencieux, ce qui est parfait quand vous ne voulez pas attirer l'attention des autres chats. La queue du Swizzle Teaser s'attache au moyen d'une bande de velcro ; vous pouvez donc en changer pour modifier l'apparence du jouet ou l'utiliser sur un autre jouet pour le rendre plus attrayant. Enfin, quand la queue n'est pas trop solidement accrochée au serpent, le chat peut littéralement « capturer » sa proie.

Ces jouets ne représentent qu'un échantillon de ce qu'on trouve sur le marché, mais ce sont d'excellents achats. Avant de faire votre choix, tenez compte des points suivants : l'âge, le degré d'agilité et les préférences de l'animal auquel le jouet est destiné. Ainsi, vous saurez faire plaisir à chacun de vos chats.

L'heure du jeu – mettez-y du cœur

Pour commencer, créez une bonne ambiance dans la pièce. Quand il chasse, le chat aime se dissimuler et se faufiler. Assurez-vous donc qu'il y aura assez de cachettes. Si la pièce vous semble un peu vide, disposez sur le plancher quelques boîtes en carton ouvertes ou des sacs en papier qui serviront d'abris.

ASTUCE FÉLINE : PRÉCAUTION

Si vous interdisez normalement au chat de faire ses griffes sur le divan, ne faites pas virevolter le jouet interactif près de ce meuble. Toute l'attention du félin se portera sur le jouet et, en cherchant à capturer sa proie, il pourrait en oublier l'interdit et planter ses griffes dans le tissu.

Pour ne pas frustrer les chats qui ne peuvent participer à la séance de jeu individuelle d'un congénère, faites-la dans une pièce fermée. La tâche sera peut-être plus facile si vous choisissez le moment où les animaux font la sieste, ou si vous leur projetez une vidéo pour les divertir.

Passons maintenant à l'aspect technique du jeu interactif : l'animation du jouet. Le secret consiste à manipuler le jouet de manière à simuler les mouvements d'une proie. On se limite souvent à bouger le jouet devant les yeux du chat qui n'a qu'à tapoter l'objet, mais ce n'est pas ainsi que le félin chasse. Soyez plus astucieux et veillez à stimuler l'animal sur les plans mental et physique.

Une autre erreur technique consiste à agiter frénétiquement le jouet en tous sens. De cette manière, le chat s'engage dans une course folle et n'en sort que fatigué et frustré. Soit dit en passant, le surmenage n'est pas la solution pour faire maigrir un chat obèse ; par contre, c'est une bonne façon de lui infliger une crise cardiaque.

Alors, comment manipuler le jouet interactif correctement ? D'abord, pour que l'expérience soit bénéfique et constructive pour le chat, il faut lui permettre de saisir la proie à plusieurs reprises au cours du jeu. Ensuite, il s'agit de varier les mouvements pour mieux simuler ceux de cette proie. Pour ce faire, demandez-vous ce que ferait une souris surprise au milieu de la pièce par votre chat. Elle courrait d'abord dans tous les sens, puis elle irait se cacher quelque part. Ensuite, voulant quitter la pièce pour s'éloigner de son prédateur, elle passerait de cachette en cachette à toute allure. De derrière la patte de la table, elle jette un coup d'œil pour s'assurer que la voie est libre, puis elle se précipite sous le divan où elle se met à trembloter. Une vraie souris ne se déplace pas n'importe comment et n'est pas toujours en mouvement. Pour le chat, c'est tout aussi excitant de voir sa proie s'immobiliser, se cacher et trembler de peur que de la voir toujours courir. Pendant ce temps, le chat planifie son attaque. Laissez-vous prendre au jeu du chat et de la souris!

L'une des techniques les plus intéressantes pour stimuler le félin chasseur, en particulier si vous utilisez le Dragonfly, consiste à faire voleter le jouet sur place, de dix à trente centimètres au-dessus du plancher, à la manière d'une vraie libellule.

ASTUCE FÉLINE : PROGRESSION DANS LES JEUX

L'intensité des activités lors d'une séance de jeu interactif devrait correspondre au degré d'assurance du chat qui y participe. Si vous pensez qu'un chat est intimidé par le jouet, commencez par des séances de faible intensité, en utilisant une simple ficelle solidement attachée à une courte perche. Votre chat ne doit pas la mâchouiller ; surveillez-le bien. Quand il aura pris de l'assurance, saisissez le jouet interactif que vous ferez bouger en douceur.

Laissez au chat timide le temps de sentir et d'examiner le jouet avant d'amorcer la séance. Déposez le jouet sur le plancher pour que le chat l'apprivoise.

Faire bouger le jouet tout en *l'éloignant* du chat se révèle une autre technique efficace pour stimuler ses instincts de chasseur. Rappelez-vous qu'aucune proie normale ne se rapprocherait de son prédateur.

Si vous utilisez le Swizzle Teaser ou un autre jouet du même type, faites-le se tortiller en vous éloignant du chat jusqu'à l'embrasure de la porte, puis faites lentement disparaître le jouet derrière le mur en le faisant onduler paresseusement. Observez bien votre chat. Son attention se concentre sur sa proie. Le chasseur en lui s'éveille, se concentre et s'élance. Voyez toute la beauté du moment. Quelle grâce ! Quelle intelligence ! Quel athlète !

Si vous jouez avec le Da Bird ou tout autre jouet volant, faites alterner les mouvements au sol et les mouvements aériens. C'est quand l'oiseau se trouve au sol que le chat passe à l'attaque.

Vous découvrirez sans doute que certains chats restent de glace devant une proie volante, alors que d'autres en raffolent. Adaptez vos jeux en fonction de leurs goûts et utilisez différents jouets. Ainsi, vous saurez bientôt quelles activités et quels types de mouvements conviennent à chacun.

Les effets sonores

Le chat est souvent attiré par le son qu'émet sa proie, par exemple le bruit d'une souris se faufilant dans l'herbe ou d'un écureuil se cachant dans les feuilles. Bien qu'il ne soit pas nécessaire d'imiter le couinement de la souris ou le pépiement de l'oiseau lors d'une séance de jeu, cela pourrait vous aider à vous mettre « dans la peau » de la proie. Toutefois, les bruits les plus excitants sont ceux que vous pouvez produire en faisant glisser le jouet sur différentes surfaces. Par exemple, faites pénétrer la proie dans un sac en papier, puis frottez le jouet contre les parois. Le chat plongera dans le sac tête première. Très souvent, le son produit par un jouet traîné sur le plancher suffit à éveiller la curiosité du chat.

Je te tiens !

Lorsque le félin capture une proie réelle, il la tient souvent prisonnière entre ses pattes de devant, et la proie se débat pour se libérer. Reconstituez donc une telle scène en reproduisant l'agitation de la proie avec le jouet. Si votre chat l'attrape et le garde bien serré entre ses pattes, laissez le jouet immobile durant quelques secondes, puis tentez doucement de le dégager. Le dessous des pattes avant du félin cache de petits poils tactiles qui lui permettent de détecter le moindre mouvement de l'animal capturé.

Toute bonne chasse a une fin

Il ne faut jamais cesser brusquement la séance de jeu et laisser le chat « sur sa faim ». En effet, stopper la stimulation au moment où le chat est très excité ne fera que frustrer son instinct prédateur.

ASTUCES FÉLINES : DÉROULEMENT DE LA PÉRIODE DE JEU

- Préparez le terrain.
- Variez les types de jouets.
- Stimulez l'instinct de chasseur de chacun de vos chats selon leurs préférences.
- Faites alterner les mouvements rapides et lents.
- Faites trembler la proie et cachez-la afin de permettre au chat de planifier son attaque.
- Laissez votre chat capturer sa proie de temps en temps.
- Commencez à calmer le jeu quand la séance touche à sa fin.
- Permettez au chat de bien profiter de sa dernière capture.
- Donnez-lui une gâterie une fois le jeu terminé.
- Rangez les jouets interactifs hors d'atteinte des chats.

À ses yeux, la chasse est loin d'être terminée. Aussi prendrez-vous soin de diminuer graduellement l'intensité du jeu, comme si la proie était blessée. Par exemple, avec le Da Bird, les mouvements du jouet doivent se faire au sol, comme si la proie avait une aile brisée. Le félin aura ainsi l'occasion de clore la partie de chasse par une capture mémorable. Le ralentissement progressif du jeu permet au chat de retrouver son calme avant de reprendre la vie normale. Si vous voulez, offrez-lui une friandise. Sinon, jouer avant l'heure des repas pour que l'animal associe la chasse au festin qui s'ensuit. Si le chat a toujours de la nourriture et de l'eau à sa disposition, rafraîchissez le contenu des bols après la séance de jeu.

Les séances de groupe

Si vous avez de nombreux chats et que vous manquez de temps pour les séances individuelles, vous pouvez organiser des jeux pour des groupes de deux ou trois. Bien menée, une telle séance permettra à chaque animal de faire l'exercice dont il a besoin, et elle contribuera à améliorer les rapports entre les chats. Le plus timide aura toutes les chances de jouer un rôle plus actif pendant le jeu. Cependant, vous n'obtiendrez de bons résultats qu'avec des chats d'un rang hiérarchique comparable, qui ont un même niveau d'énergie ou qui s'entendent déjà bien. Sinon, le chat dominant pourrait prendre toute la place. Si le but de la séance est d'améliorer les rapports entre des chats qui se querellent souvent, limitez le groupe à deux individus. Ainsi, vous resterez maître de la situation. Avant de s'intégrer à un groupe, un chat tendu, timide ou inactif depuis longtemps aura besoin de quelques séances individuelles. C'est pourquoi, même si vous optez pour la formule en groupe, vous devez continuer les séances individuelles avec les chats qui en ont le plus besoin.

Pour animer une séance de groupe, vous devez tenir un jouet interactif dans chaque main, de préférence deux jouets du même type pour faciliter la coordination des mouvements. Vous aurez un peu de mal à vous y faire au début, mais vous vous améliorerez de séance en séance. Commencez par deux jouets dont la perche est relativement courte, comme le Dragonfly ou le Cat Dancer. Pourquoi deux jouets à la fois ?

Pour éviter la concurrence entre les chats qui participent à la séance. En effet, le chat, au sein d'un groupe, s'intéressera davantage à ses vis-à-vis qu'au jouet. Qui attaquera le premier ? Une fois l'esprit de compétition éveillé, le plaisir s'évanouit. Sans parler de la peur qu'engendre la concurrence chez un chat timide, qui n'osera pas capturer la proie de crainte d'être attaqué par un congénère. En fait, les deux ou trois chats joueront en même temps, mais pas nécessairement *l'un avec l'autre*.

Deux chats qui s'entendent bien peuvent s'amuser ensemble avec un même jouet, mais pourquoi courir le risque de créer un conflit quand il suffit d'un petit effort de votre part pour créer une séance agréable et positive ? Pendant le jeu, si l'un des chats délaisse un jouet pour l'autre, ralentissez le mouvement du jouet convoité tout en animant l'autre avec plus de vigueur pour attirer de nouveau l'attention du chat. Avec un peu d'entraînement, vous deviendrez maître dans l'art de manipuler deux jouets à la fois. D'ici là, pourquoi garder tout le plaisir pour vous ? N'hésitez pas à faire collaborer vos proches aux séances de groupe.

La technique de diversion

Imaginez la scène : un chat se prélasse sur un perchoir et contemple le paysage par la fenêtre. Un second entre dans la pièce, voit le premier et adopte le comportement du chasseur. Le chat à la fenêtre ignore qu'il sera bientôt attaqué. Comment intervenir ?

Votre réaction pourrait être de crier après le chat agressif ou de le chasser hors de la pièce. Votre intention de protéger le chat à la fenêtre est louable, mais votre réflexe ne fera qu'effrayer les deux chats. Une technique de diversion plus efficace consiste à détourner l'attention du chat agresseur au moyen d'un jouet interactif. Ce dernier oubliera ses mauvaises intentions et se transformera tout à coup en prédateur, mais il faut intervenir au bon moment, avant que les chats entrent en lutte. Amorcez sur-le-champ une séance de jeu pour favoriser un état d'esprit plus positif.

La technique de diversion est merveilleuse : même si vous vous méprenez sur les intentions d'un chat qui, en fait, ne cherche pas la bagarre, ce dernier ne sera pas injustement traité, et il aura, en prime, droit à une séance de jeu ! Les conséquences auraient été autrement plus négatives si vous aviez chassé ou invectivé l'animal.

Bien entendu, vous n'êtes pas toujours dans une pièce où un conflit menace, et vous ne pouvez pas toujours être attentif aux comportements de vos chats. À votre insu, l'agresseur s'est rapproché de sa victime et maintenant les deux chats se fixent du regard et le combat est imminent. Dans un tel contexte, vous devez faire assez de bruit pour les saisir. Dès qu'ils se sont enfuis chacun de leur côté, prenez un jouet et allez le présenter tranquillement au chat agressé, qui a besoin d'être rassuré. Amorcez une séance de jeu de faible intensité pour faire passer sa frayeur. Si la querelle semble l'avoir profondément troublé, laissez-le seul pour qu'il se calme. Cela dit, ne faites jamais l'erreur de vous interposer physiquement dans une bataille entre chats.

La technique de diversion s'applique également à d'autres situations, par exemple quand un chat gémit souvent devant la porte pour sortir, parce qu'il n'est pas encore habitué à la vie d'intérieur. Vous pouvez détourner son attention en amorçant une séance de jeu interactif, et ce, avant même qu'il atteigne le seuil de la porte ou commence à se lamenter. Heureusement, les chats sont plutôt prévisibles ; vous devriez pouvoir déterminer assez facilement le bon moment pour intervenir afin de modifier un comportement indésirable.

La technique de diversion, décrite plus en détail au chapitre 10, se révèle utile pour résoudre de nombreux problèmes de comportement, notamment dans le cas d'un chat timide qui se cache sous le lit dès qu'un visiteur se présente, ou celui d'un chat qui urine à l'extérieur du bac à litière (voir le chapitre 7). Utilisez la technique si vous le voyez soulever son arrière-train vers un objet quelconque ou se diriger vers sa cible préférée.

La nuit tombée

Il est quatre heures du matin et les miaulements vous tiennent éveillé depuis des heures. Le chat veut peut-être manger, dormir dans votre lit, ou simplement jouer avec vous. Si vous commettez l'erreur de vous lever pour le nourrir, vous ne faites que renforcer son comportement désagréable, puisque le chat comprend que sa méthode porte ses fruits. Excédé, vous pouvez aussi lui fermer la porte au nez avant de vous mettre au lit, dans l'espoir qu'il se taira, mais cette méthode ne fonctionne pas toujours. Vous devrez alors vous résoudre à l'entendre miauler ou gratter à la porte.

Le chat s'active à la nuit tombée. Alors que vous ralentissez vos activités, lui retrouve son enthousiasme après une journée ponctuée de pauses et de siestes. Le soleil se couche, et le chat est prêt pour le jeu. Comme vous avez été absent tout le jour, votre présence le stimule. Heureusement, il existe une technique efficace et fort agréable pour refréner les activités nocturnes d'un félin.

Sachez d'abord que le cycle naturel des activités d'un chat consiste à chasser, se nourrir, se laver, puis dormir. Ce cycle se répète plusieurs fois par jour. Pour modifier un comportement indésirable, il faut donc agir en fonction de l'« horloge interne » de l'animal. Pour commencer, il part à la chasse, puis il capture une proie et la dévore, ensuite il se lèche soigneusement pour nettoyer les traces du carnage. S'il n'agissait pas ainsi, son odeur pourrait alerter les proies potentielles, ou faire du chat une proie aux yeux d'un prédateur plus grand que lui. Et puis, repu et propre, le chat sommeille. Voilà le cycle qu'il faut connaître pour changer des comportements indésirables.

Juste avant d'aller dormir, menez une séance de jeu interactif (en plus de celles faites au cours de la journée, s'il y en a eu). Cette «phase de la chasse» sera suivie du repas. Si vous nourrissez le chat à heure fixe, divisez ses portions de manière à lui réserver un repas avant le coucher, sans pour autant augmenter sa ration quotidienne. Après avoir mangé, il sera porté à se laver, puis à dormir pour la nuit. Si vous avez l'habitude de lui laisser de la nourriture sèche à volonté, retirez son bol au début de la soirée et replacez-le à l'heure du coucher avec de la nourriture fraîche. Si vous ne voulez pas enlever le bol à cause des autres chats, faites de l'ajout de nourriture un rituel annonçant à tous les félins l'heure du coucher. Grâce à ces jeux tardifs, vous multipliez vos chances de bien dormir, que le chat soit motivé ou non par la nourriture offerte après la séance.

Si vos chats semblent défier la loi du sommeil, préparez-leur des activités qui les occuperont toute la nuit. Dans une pièce éloignée de votre chambre, laissez-leur des sacs de papier, une boîte de mouchoirs vide dans laquelle vous cacherez un jouet, ou une boîte vide transformée en tunnel. Si vos chats sont habituellement motivés par la nourriture, offrez-leur quelques balles Play-n-Treat (dont une ouverture laisse sortir un peu de nourriture sèche quand le chat la fait rouler), mais n'utilisez pas ce genre de jouet si vous avez un chien : il pourrait mâchouiller les balles ou les avaler. En changeant de jouet de soir en soir, vous offrirez un peu de variété à vos félins.

ASTUCE FÉLINE : JEUX NOCTURNES

En respectant le cycle d'activité du félin (chasser ; se nourrir ; se laver ; dormir), vous inciterez vos chats à vivre à votre rythme.

Deux de mes chats aiment faire le tour de la maison pendant la nuit. Je place donc des jouets à des endroits stratégiques pour leur plus grand plaisir. Il m'arrive de déposer sur un perchoir une souris en fourrure, ou je la cache sous un coussin en prenant soin de laisser dépasser la queue. Mes chats adorent aussi le jouet Play-n-Squeak, une souris électronique qui émet un son irrésistible chaque fois que le chat lui donne un coup de patte.

L'herbe à chats

L'herbe à chats est un outil précieux pour modifier un comportement indésirable, mais nombre de gens oublient de l'intégrer à la vie des chats, ou bien ils l'utilisent à outrance, ce qui immunise le chat contre ses effets bénéfiques. L'herbe à chats contient une huile volatile dont l'effet se compare à celui d'un aphrodisiaque. C'est aussi un hallucinogène qui affaiblit les inhibitions du chat en créant un état euphorique qui dure une quinzaine de minutes, sans engendrer de dépendance. Le chat manifestera l'un des comportements suivants : il se roulera dans l'herbe à chats ou s'y frottera, la léchera, la mâchouillera ou la mangera. Évitez d'en laisser à leur portée en permanence, car le chat pourrait devenir immunisé. Par ailleurs, l'herbe à chats ne devrait être offerte qu'aux chats adultes, puisque le chaton ne réagit pas en sa présence et que, de toute manière, il n'en a pas besoin : il déborde déjà d'énergie. Fait à noter, un gène est à l'origine de cette réaction, mais un tiers des chats en sont dépourvus.

Les avantages

L'herbe à chats stimulera même un chat paresseux et l'incitera au jeu. De plus, elle fait des merveilles pour réduire la tension nerveuse. Quant à moi, j'invite mes chats à « faire la fête » avec un peu d'herbe à chats quand je rentre à la maison après de nombreuses consultations à domicile. Je suis alors trop fatiguée pour jouer avec eux, mais je veux tout de même leur offrir ce plaisir. Il me suffit de parsemer un peu d'herbe sur leurs jouets favoris et d'en frotter les griffoirs. Parfois, j'en mets dans de vieilles chaussettes.

De plus, l'herbe à chats aidera un chat timide ou effrayé à sortir de sa coquille. C'est une excellente façon d'amorcer une séance de jeu interactif avec un animal inhibé qui n'est pas encore prêt à jouer.

La première expérience

Si l'un de vos chats n'a jamais fait l'expérience de l'herbe à chats, il est recommandé de lui en présenter en l'absence des autres animaux de la maison, du moins pour sa première expérience. C'est que, sous l'influence de cette herbe, le chat mâle pourrait passer du jeu à l'agression. En testant sa réaction avant de lui en offrir en groupe, vous saurez mieux à quoi vous attendre.

Où trouver l'herbe à chats et quoi en faire

Il est possible d'en faire la culture, d'en acheter séchée ou de se procurer des jouets qui en contiennent ou qui en sont imprégnés. Si vous choisissez d'en faire pousser chez vous, ne le faites pas à l'extérieur du logis, car tous les chats du quartier se retrouveraient dans votre jardin. Le moment venu, séchez votre récolte en suspendant l'herbe la tête en bas, dans un endroit sec. Une fois l'herbe séchée, ne gardez que les feuilles et les fleurs dans un contenant hermétique. N'émiettez les feuilles qu'au moment de vous en servir, sinon l'huile qu'elles contiennent sera libérée prématurément et l'herbe n'aura plus d'effet.

Si vous achetez l'herbe à chats, optez pour une marque offrant uniquement des feuilles et des fleurs. Une herbe qui contient beaucoup de tiges est de moindre qualité. L'herbe à chats vendue en sachets de plastique devrait être transférée dans un contenant hermétique pour en préserver la qualité. Au moment d'en donner au chat, frottez l'herbe entre vos mains pour en libérer les huiles. Vous pouvez la présenter ainsi, telle quelle, ou la glisser dans une chaussette nouée. Chez moi, je fais aussi « mariner » des jouets en fourrure dans l'herbe à chats. Si vous entraînez un chat à utiliser le griffoir, frottez-le avec un peu d'herbe à chats.

N'achetez pas de jouets bourrés d'herbe à chats sans connaître la réputation du fabricant. Dans certains cas, l'herbe utilisée est de piètre qualité, ou le produit contient autre chose que ce qui est indiqué sur l'emballage.

On utilise l'herbe à chats de temps à autre, pour réduire le stress des félins pendant les périodes de transition ou après un événement perturbant, ou régulièrement (une fois par semaine), pour maintenir l'harmonie entre les animaux.

Enfin, ne laissez pas l'herbe à chats sur le comptoir de la cuisine, mais rangez-la hors de portée des animaux. Beaucoup d'entre eux sont capables d'éventrer les contenants !

Chapitre 6

....

L'heure des repas

L'heure des repas peut aider à modifier le comportement des chats, notamment quand on veut qu'ils fassent connaissance et deviennent copains, mais elle peut devenir un casse-tête quand il faut respecter le régime et les goûts de chacun. Heureusement, certaines méthodes peuvent vous faciliter la vie dans la cuisine, quand vos petites bêtes vous regardent toutes, l'air de crier : « J'ai faim ! »

Les récipients

Le chat a souvent des préférences quant au type de récipient dans lequel la nourriture et l'eau lui sont servies. Heureusement, ce n'est pas le choix qui manque. En effet, vous en trouverez de tous les styles et de tous les prix.

Certains bols sont en plastique, mais je les déconseille, car ce matériau tend à retenir les odeurs, ce qui pourrait laisser croire au chat que sa nourriture n'est pas fraîche. Il pourrait refuser de manger le repas d'aujourd'hui mélangé à l'odeur du repas d'hier. De plus, le plastique s'érafle facilement et les bactéries peuvent se développer dans les rayures. Et il arrive assez souvent qu'un chat souffre d'une affection cutanée sur le menton (de l'acné féline, par exemple) à force de manger dans un bol de plastique. Vous devriez donc vous procurer des bols en acier inoxydable. Ce matériau est facile à nettoyer et presque indestructible. Choisissez un bol pourvu d'une bande de caoutchouc à la base, qui adhérera au sol. Malgré tout, il se peut qu'un chat n'aime pas le goût de la nourriture humide servie dans un tel bol.

La céramique est aussi un excellent choix. On en trouve de tous les styles et de toutes les couleurs. Cependant, le vernis des pièces fabriquées hors du Canada et des États-Unis peut contenir du plomb. Avant d'acheter un bol de céramique, passez les doigts sur la surface pour vérifier qu'elle est parfaitement lisse. Toute imperfection ou rugosité pourrait irriter la langue du chat. Par ailleurs, n'utilisez plus un bol de céramique ébréché ou écaillé qui pourrait blesser à la bouche ou à la langue.

Un bol en verre est une autre alternative, mais il ne doit pas être endommagé.

Peu importe le nombre de vos chats, ne lésinez pas sur la vaisselle qu'ils utiliseront. Pas de contenant de margarine ni d'assiette en carton. Un bol en acier inoxydable ou en céramique est plus cher, mais durera longtemps.

N'utilisez pas de récipients doubles pour servir la nourriture et l'eau : l'eau souillée par les particules de nourriture devient vite moins alléchante pour vos chats. De plus, il se peut qu'un chat préfère que les deux récipients soient éloignés l'un de l'autre, pour ne pas avoir à sentir la nourriture quand il a seulement soif.

Enfin, en plus de tenir compte des préférences individuelles de vos chats quant au matériau des bols, vous devez aussi penser à leur forme. Certains chats n'aiment pas avoir le museau à l'étroit et les moustaches repliées quand ils mangent. Un grand bol peu profond devrait leur convenir. Les chats à longs poils ou au museau à la pékinoise préfèrent souvent de tels récipients. Quant aux chatons, ils n'aiment pas boire dans un bol immense ni manger dans un contenant trop creux qui les oblige à étirer le cou par-dessus le bord pour atteindre la nourriture.

Les postes libre-service

La plupart des chats aiment grignoter et ils apprécient d'avoir à leur disposition de la nourriture à volonté. Les félins actifs et en bonne santé ne s'empiffrent généralement pas. Leur laisser de la nourriture disponible en tout temps peut être pratique, tant pour le chat que pour vous.

Cependant, l'alimentation libre-service fonctionne mieux avec de la nourriture sèche, puisque la nourriture humide durcit, se gâte vite et devient peu appétissante si on la laisse à l'air libre plus d'une demi-heure.

Dans un logis où vivent plusieurs chats, il ne convient pas de ne mettre qu'un bol communautaire. Même si vos félins s'entendent bien et semblent avoir réglé leurs problèmes territoriaux, il se pourrait que l'un d'eux, ou un duo, décide de repousser les autres pour signifier que certaines règles ont changé. La tension, l'anxiété et l'hostilité se propagent souvent jusqu'aux lieux où les félins s'alimentent. Pour créer un environnement où chacun se sent assez en sécurité pour manger en paix, aménagez plus d'un poste d'alimentation, de sorte qu'un animal n'ait pas à traverser le territoire d'un congénère hostile. Si la paix règne entre vos chats, vous pourrez installer plusieurs postes dans la même pièce, par exemple la cuisine. Sinon, il vous faudra mettre des bols à différents endroits de la maison. Vous devrez peut-être même les placer sur différents niveaux pour que tous vos félins, les dominants et les dominés, se sentent en sécurité et mangent en paix. Sachez aussi qu'un chat extrêmement timide pourrait apprécier un poste d'alimentation qui le cache de ses congénères et qui reste inaccessible au chien ou aux enfants.

ASTUCE FÉLINE : PRÉCAUTION

Les chats ne mangent jamais là où ils font leurs besoins. Donc, n'aménagez pas un poste d'alimentation près du bac à litière !

Si vous respectez un horaire des repas et que les chats se montrent agressifs, ou s'il y a de la tension autour d'un bol de nourriture, ou si des chats mangent trop rapidement, mettez de la nourriture sèche dans plusieurs postes libre-service. Ainsi, les chats mangeront à tour de rôle, quand bon leur semblera, ce qui atténuera les frictions territoriales. De plus, l'abondance continuelle de nourriture incitera les chats à manger calmement.

Les repas à heures fixes

Si vous servez les repas à heures fixes, chaque chat devrait avoir son propre bol de nourriture, toujours placé au même endroit. Sinon, vous devrez jouer au gendarme pour diriger gentiment chaque chat à sa place respective. En peu de temps, les chats sauront retrouver leur place, pour peu que vous agissiez avec constance et cohérence. Ces recommandations peuvent vous sembler difficiles à suivre, mais, comme les chats aiment bien leurs petites habitudes, une certaine régularité dans l'espace et dans le temps vous aidera à instaurer un climat plus agréable à l'heure des repas. Les individus qui ne s'entendent pas très bien pourront maintenir entre eux une distance acceptable, comme ceux qui se situent plus haut ou plus bas dans la hiérarchie.

À quelle distance placer les bols les uns des autres ? Cela dépend de la dynamique du groupe. Certains chats auront besoin d'un mètre d'écart entre les bols ; d'autres voudront s'isoler complètement, dans une autre pièce. De plus, il est préférable de ne pas placer les bols contre un mur ou dans un coin, parce que certains chats se sentiront vulnérables s'ils doivent tourner le dos à l'entrée de la pièce. Laissez assez d'espace entre le mur et le bol pour que les individus les plus timides puissent voir ce qui se passe dans la pièce pendant qu'ils mangent. Par ailleurs, puisque certains chats préfèrent les hauteurs, répartissez les bols sur plusieurs niveaux. Ainsi, l'heure du repas devrait être plus paisible.

L'une des meilleures façons d'aider vos chats à former des associations positives entre eux consiste à les faire manger les uns à la vue des autres. Cependant, respectez une certaine distance entre eux. Si un chat cesse de manger pour fixer du regard un congénère, cela signifie que leurs bols sont trop rapprochés. Si un chat se montre trop possessif avec son bol, ou si certains animaux craignent d'entrer dans l'aire d'alimentation, aménagez des stations séparées et essayez d'y regrouper les chats qui s'entendent bien entre eux. Même si tout cela semble compliquer votre tâche, il vaut mieux intervenir à la source du problème que de laisser la situation s'envenimer jusqu'à ce que la cuisine devienne un vrai champ de bataille. Chaque animal devrait pouvoir manger en toute sécurité. Si vous souhaitez que certains chats s'apprivoisent mutuellement, commencez par les nourrir dans des pièces séparées, puis, graduellement, rapprochez leurs bols respectifs. Rappelez-vous que ce sont les chats qui doivent décider de la distance qui les séparera.

ASTUCE FÉLINE : NETTOYAGE

Certains chats mangent à même le plancher après avoir retiré une petite quantité de nourriture du bol entre leurs dents ou avec une patte. Le nettoyage sera donc plus facile si vous placez un petit tapis sous le bol.

Si les démonstrations de possessivité ou de territorialité atteignent un seuil inacceptable, ou si le climat est tendu et que certains chats paraissent nerveux à l'heure des repas, laissez à leur disposition de la nourriture sèche en libre-service, en plus du repas servi. La possibilité de manger quand bon leur semble devrait soulager leur anxiété.

Les régimes individuels et les changements de régimes

Faire suivre un régime à un chat n'est vraiment pas facile, d'autant moins quand on a plusieurs chats ! Cette situation se présentera si vous intégrez un nouveau chaton dans un groupe de félins adultes, ou si le vétérinaire prescrit à l'un de vos chats de la nourriture spéciale (hypoallergique, par exemple, ou hypocalorique). Une solution consiste à placer la nourriture habituelle à des endroits élevés que ne pourra atteindre, par exemple, un chat obèse.

La plupart du temps, les repas planifiés vous permettront de vous assurer que chacun des chats mange ce qui lui convient. La planification des repas devrait aussi vous aider à passer des régimes individuels, selon le problème et l'âge de chacun, à un même régime pour tous. Cependant, consultez un vétérinaire avant de modifier un régime. Par ailleurs, si vos chats occupent un territoire aux limites bien définies, vous pouvez placer la nourriture adaptée à chacun dans son aire d'alimentation.

Si vous avez un chat obèse, augmentez la fréquence de ses repas tout en diminuant les portions. Comme l'animal n'aura plus l'estomac vide entre des repas trop espacés pour lui, il se sentira mieux. Jouez avec lui pour l'inciter à faire plus d'exercice, ou offrez-lui quelques balles Play-n-Treat, mais n'oubliez pas d'en tenir compte dans le calcul de l'apport en calories.

Si vous avez de la difficulté à éloigner vos chats adultes de la nourriture du chaton, le vétérinaire vous permettra peut-être de passer à une alimentation pour chat adulte un peu plus tôt que prévu, mais le chaton devra être en bonne santé et d'un poids normal. Ne tentez pas une transition hâtive sans l'approbation du vétérinaire. La nourriture pour les chatons, particulièrement riche en gras et en protéines, est conçue pour assurer leur croissance.

Les grignoteurs et les mangeurs voraces

Estimez-vous chanceux si tous vos chats mangent à peu près au même rythme et de la même façon. Sinon, vous vous demandez probablement comment satisfaire le chat qui prend deux bouchées et s'en va, et celui qui mange tout d'un seul coup. Tout en respectant les capacités physiques des chats en question, essayez de réunir les grignoteurs en plaçant de la nourriture sèche sur une surface élevée ou à des endroits réservés. Si cette solution se révèle inefficace pour rétablir l'harmonie alimentaire entre les chats des deux catégories, vous réussirez peut-être à transformer les gros mangeurs en grignoteurs en réduisant graduellement les portions tout en augmentant la fréquence des repas. Laissez à leur disposition des balles Play-n-Treat pour les inciter à sortir le nez du bol de nourriture. Une autre solution consiste à amener tous les chats à respecter le même horaire fixe. Commencez par les nourrir assez souvent pour satisfaire les chats voraces et les grignoteurs, puis, peu à peu, habituez-les à des repas à heure fixe. Ce régime leur sera beaucoup plus naturel.

Des voleurs curieux et agiles

Même si vous permettez à certains chats de manger en hauteur aux endroits prévus, il y a sûrement des surfaces, comme la table ou le comptoir de cuisine, sur lesquelles vous ne voulez pas qu'ils grimpent. Il est important de leur apprendre à respecter ces limites, surtout si vous avez peur qu'ils partent avec une cuisse de poulet ou un filet de saumon.

Pour ce faire, mettez d'abord tous les membres de votre famille au courant de votre décision pour que chacun fasse respecter les nouveaux règlements. La constance et la cohérence sont essentielles à l'opération. Ensuite, procurez-vous quelques napperons en plastique bon marché et du ruban adhésif à double face (comme le Sticky Paws). Collez des bandes de ruban sur le dessus des napperons et recouvrez toutes les surfaces interdites. Complétez l'installation en plaçant des signaux visuels à la lisière de ces surfaces, par exemple des canettes vides lestées de pièces de monnaie.

Cette méthode fonctionne bien, parce qu'elle modifie le comportement des chats sans vous impliquer directement. Deux semaines plus tard, retirez un napperon par jour, en terminant par ceux qui bordent la surface interdite, puis enlevez les canettes un peu plus tard. Ces balises visuelles leur rappellent qu'ils n'ont pas le droit de s'aventurer dans ces parages.

Si certains chats aiment à piller les poubelles, procurez-vous un contenant à déchets pourvu d'un couvercle à fermoir. Ou mettez la poubelle dans un placard et installez sur la porte un loquet de sécurité ou un mécanisme de fermeture magnétique.

La mendicité féline est un autre comportement déplaisant : on aime rarement qu'un chat saute sur la table pendant les repas. Pour corriger la situation, ayez un vaporisateur à portée de la main. Quand un chat se prépare à grimper sur la table, aspergez-le d'eau. Si possible, arrangez-vous pour que le chat ne se rende pas compte que vous êtes derrière cette « agression ». Si un chat quémande de la nourriture à table, ne lui en donnez pas, car cette mauvaise habitude pourrait perturber son équilibre nutritionnel et le transformer en mangeur capricieux qui préférera votre nourriture à la sienne. Si vos chats mangent à heure fixe, servez leurs repas avant les vôtres. Avec un peu de chance, vous pourrez vous mettre à table en paix.

ASTUCE FÉLINE : CONSTANCE ET COHÉRENCE

Soyez ferme une fois que vous avez interdit un lieu au chat. Laisser un animal monter sur la table quand il n'y a pas de nourriture, puis le chasser durant les repas, c'est entretenir la confusion chez lui. Aménagez des endroits en hauteur pour que vos félins puissent s'y prélasser. Ils n'auront plus à le faire sur le comptoir ou sur la table.

La nourriture comme moyen de persuasion

La nourriture étant une motivation puissante, les gâteries peuvent vous servir à modifier les comportements indésirables de vos chats. Cependant, n'utilisez ce moyen que dans le but d'apprendre à un chat un nouveau comportement. N'accordez pas les gâteries sans raison. Oui, vous voulez témoigner votre affection à vos chats, mais le fait que vous leur procuriez un toit, des jeux et de la bonne nourriture compte beaucoup plus que la petite gâterie quotidienne.

Comme la plupart des gâteries pour chats sont plutôt grosses, coupez-les en deux ou en quatre morceaux dès le début d'un entraînement. Ainsi, vous ne perturberez pas l'alimentation habituelle du chat qui n'a besoin que d'une bouchée pour bien apprendre.

Il se peut qu'un chat n'apprécie guère les gâteries du commerce. Dans ce cas, offrez-lui un petit morceau de poulet cuit, une cuillerée de yogourt nature, ou un peu de nourriture au bœuf ou au poulet pour les bébés. Toutefois, dans la mesure du possible, tenez-vous-en aux gâteries commerciales afin d'éviter la confusion entre la nourriture destinée aux félins et celle normalement réservée aux humains.

ASTUCES FÉLINES : L'HEURE DE MANGER

- Ne placez pas les bols d'eau ou de nourriture près des bacs à litière.
- N'offrez pas aux chats leur nourriture dans un bol commun.
- Séparez les bols de nourriture et les bols d'eau.
- Au besoin, placez de la nourriture et de l'eau à différents niveaux pour respecter la hiérarchie féline.
- Lavez les bols et remplissez-les d'eau fraîche quotidiennement.
- Accommodez chacun des chats de sa vaisselle préférée.
- Ne laissez pas de nourriture humide plus d'une demi-heure à l'air libre.
- Faites régner le calme à l'heure des repas.
- Apprenez aux enfants à ne pas déranger les chats qui mangent.
- Consultez le vétérinaire en cas de changement important dans l'appétit d'un chat.

Chapitre 7

....

La litière

P eu importe le nombre de chats dans un logis, vous aurez sans doute un jour des problèmes relatifs au bac à litière. Plusieurs pensent qu'un bac n'est que l'endroit où le chat dépose ses déjections et qu'il suffit de le garder propre pour que tout le monde soit heureux. Si les choses pouvaient être aussi simples… En réalité, la relation qu'un chat entretient avec le bac à litière comporte une dimension affective qui se complexifie à mesure qu'augmente le nombre de félins.

Combien de bacs

Je vous le répète : avoir plus d'un chat, c'est avoir plus d'un bac à litière ! Si possible, vous devriez avoir autant de bacs que de chats, sinon ceux-ci pourraient avoir leur bac en aversion. Vous êtes découragé à l'idée de retirer les excréments de six ou sept litières et d'avoir à les nettoyer à la brosse ? Eh bien, c'est mieux que d'avoir à remplacer les tapis ou à faire poncer les planchers !

ASTUCE FÉLINE : PROBLÈMES DE LITIÈRE, PROBLÈMES URINAIRES

Le fait qu'un chat modifie ses habitudes au bac à litière peut indiquer un problème de santé, par exemple la cystite, une inflammation de la vessie, qui pousse un animal à uriner ailleurs que dans le bac, même si l'organe ne contient qu'une goutte de liquide. Il n'est pas rare que le chat affecté associe à sa litière la douleur de la miction, et voilà pourquoi il fera ses besoins ailleurs. L'animal peut avoir d'autres symptômes : allers et retours fréquents au bac à litière, traces de sang dans l'urine, plaintes lors de la miction, faible quantité d'urine évacuée. Le diabète et l'insuffisance rénale sont d'autres affections pouvant pousser un chat à uriner hors du bac. Montrez l'animal au vétérinaire avant de conclure qu'il s'agit d'un trouble de comportement. Les maladies urinaires peuvent être mortelles si elles causent l'obstruction de l'urètre, ce qui arrive plus souvent chez le mâle dont le canal est plus long et étroit que chez la femelle. Le vétérinaire devrait être immédiatement averti d'un changement notable dans l'appétit (nourriture et eau) ou dans l'élimination des déchets corporels d'un chat.

La propreté

Peu importe le nombre de chats qui circulent chez vous, les bacs à litière doivent être propres, car les souillures nauséabondes éloignent le chat à coup sûr. Vous devriez passer la litière au sas et enlever les saletés au moins deux fois par jour, et non pas une fois tous les deux jours. Le plus facile est de nettoyer la litière tôt dans la matinée, puis de recommencer le soir, avant d'aller au lit. Si vous voulez vraiment prévenir les problèmes, inspectez les litières à votre retour du travail. Et, si pendant la journée vous remarquez que la litière est souillée, sortez la pelle !

L'outil et la technique de pelletage varient selon le type de litière. La litière agglomérante nécessite une pelle robuste pourvue de fentes. Avec le granulat ordinaire, il faut utiliser deux pelles : une à fentes pour sasser les déchets solides, et une sans fentes (une grosse cuillère en plastique fera l'affaire) pour enlever la litière souillée d'urine.

Que vous fassiez une ou deux rondes par jour, utilisez un grand sac à ordures en plastique et placez le sac à l'extérieur, dans une poubelle. Vous pouvez aussi garder en permanence un contenant en plastique à couvercle à côté de chacun des bacs. Doublez les contenants avec un sac à ordures ou une poche d'épicerie. À la fin de la journée, ou quand les contenants sont remplis, jetez les sacs. Si vous aménagez convenablement les aires d'élimination, vous vous faciliterez la tâche. La fréquence des nettoyages contribue à une meilleure hygiène générale et vous permet de réduire la tension entre les chats. Il arrive en effet qu'un chat refuse d'aller dans le bac après un congénère, surtout quand ces deux-là ne s'entendent pas très bien.

La fréquence du nettoyage et du brossage complet des bacs dépend du type de granulat employé et des habitudes de vos chats. Nettoyez bien les bacs, même si vous utilisez de la litière agglomérante. Parce que les excréments entrent souvent en contact avec le bac, il est important d'en brosser le fond et les parois. Pour le grand nettoyage des bacs et des accessoires, utilisez de l'eau de Javel diluée pour désinfecter toutes les petites rainures qui se forment dans le plastique avec le temps. Rincez à fond, jusqu'au moment où l'odeur d'eau de Javel aura complètement disparu. N'employez pas de nettoyants ménagers, parce qu'ils contiennent des agents trop puissants pour le chat, ni de produits ammoniaqués, dont l'odeur se rapproche trop de celle de l'urine des chats.

Les bacs

Les bacs couverts
Dans un foyer où vit un seul chat, un bac couvert est rarement problématique. Par contre, ce type de bac n'est pas recommandé quand on a

plusieurs chats. D'abord, sachez que le bac couvert emprisonne les odeurs, ce qui est peut-être souhaitable pour vous, mais pas pour vos chats. Le couvercle empêche aussi une circulation d'air adéquate et la litière sèche plus lentement. Imaginez comme cela doit être désagréable de pénétrer dans une boîte sombre remplie de litière humide et nauséabonde ! De plus, ces bacs sont plus difficiles à nettoyer, puisqu'il faut bien brosser le couvercle.

Évidemment, nous croyons que les chats préfèrent évacuer leurs excréments hors de la vue de leurs congénères, mais c'est faux : pour eux, la sécurité l'emporte sur la décence, et un bac couvert est, à leurs yeux, une sorte de piège sans issue, dans lequel ils se sentent vulnérables aux attaques d'un ennemi potentiel. Il arrive qu'un chat sans méfiance, au sortir du bac, soit victime d'un assaillant qui s'est perché sur le couvercle. Le chat attaqué pourrait décider d'aller faire ses besoins dans un lieu plus sûr la prochaine fois, par exemple sur le tapis du salon… Même si vos chats ne se font pas la guerre, l'apparition soudaine d'un chat au mauvais moment peut incommoder un congénère, qui pourrait vouloir éviter d'être ainsi piégé à l'avenir.

Une autre raison pour ne pas choisir ce type de bac, c'est qu'il n'est pas plus grand qu'un bac ouvert standard. Si vous craignez la dispersion du granulat ou que vos chats urinent à côté du bac, servez-vous d'un contenant de rangement en plastique converti en bac à litière. De toute façon, les bacs ordinaires sont la plupart du temps trop petits et mes chats utilisent depuis des années des contenants de rangement. Il y en a de toutes les dimensions et de différentes formes, mais les très grands contenants sont indiqués aux endroits les plus fréquentés. De nombreux fabricants produisent ces contenants de rangement, dont Rubbermaid et Sterilite, qu'on trouve dans les grandes surfaces. Personnellement, je préfère Sterilite pour la simplicité des formes, les fonds parfaitement plats et la variété des formats. De plus, la surface intérieure exceptionnellement lisse est plus facile à nettoyer.

Un contenant ouvert très profond, aux parois hautes, préviendra la dispersion du granulat et de l'urine. Il suffit d'y découper une entrée en U sur un côté court pour permettre aux chats d'y accéder facilement. Sans couvercle sur le bac, la litière séchera plus rapidement et la sortie de secours sera en tout temps grande ouverte pour le chat qui veut s'échapper. Enfin, comme les contenants Sterilite sont d'un blanc laiteux translucide, les chats qui s'en approchent verront si la place est occupée ou non.

Les bacs autonettoyants

On pourrait penser que ce type de bac permet de sauver de précieuses minutes, en particulier chez les propriétaires de nombreux chats qui n'ont pas le temps d'entretenir les litières. En réalité, les bacs autonettoyants n'ont rien de magique. Le bruit du moteur électrique et le mouvement du râteau après la visite d'un chat n'incitent pas toujours les autres à s'en approcher. Le bac lui-même est assez grand, mais la surface réelle de la litière est réduite à cause du moteur, du râteau et du réceptacle de litière souillée. Par ailleurs, il arrive que le râteau reste bloqué quand il rencontre des mottes d'urine ou de diarrhée particulièrement volumineuses.

De plus, l'usage d'un bac autonettoyant électrique vous prive d'un précieux outil de diagnostic : le bac à litière ordinaire, grâce auquel vous pouvez constamment surveiller l'évolution de la santé des chats qui y passent. Un changement dans la texture, la couleur ou la quantité des excréments est souvent le premier signe d'un problème de santé chez un animal. La présence d'excréments compacts, de diarrhée, de sang, de mucus, voire de parasites dans la litière vous avertira du danger, mais vous ne saurez rien si vous utilisez un bac autonettoyant.

Quant aux bacs « autonettoyants manuels », vous ne devriez même pas y penser, d'autant moins qu'ils sont couverts ! Le temps que vous aurez gagné à racler la litière sans utiliser de pelle, vous le perdrez à retourner et à vider le réceptacle à déchets. Sans compter que, comme les autres types de contenants, ce bac nécessite régulièrement un nettoyage en profondeur. À la fin de l'opération, vous aurez brossé le couvercle, la grille, le fond et le réceptacle du bac « conçu pour vous simplifier la tâche ». En outre, même s'ils n'ont pas de moteur, leur surface est insuffisante. Dans un logis où vivent plusieurs chats, ces bacs ne sont tout simplement pas appropriés.

Enfin, il existe de très étranges bacs à rinçage automatique et à litière permanente, mais le chat qui se trouve dans le bac au moment du rinçage s'en sort avec les pattes mouillées. Attention, problème d'aversion pour la litière à l'horizon !

La litière

Estimez-vous chanceux si tous vos chats ont adopté la litière que vous achetez. Espérons que la situation perdurera, mais il arrive qu'un chat devienne capricieux et n'aime plus la senteur, la texture ou l'efficacité de sa litière.

Cela dit, n'imposez pas à vos chats un changement brusque de marque ou de type de litière. Routiniers, les chats s'attendent toujours à retrouver la même litière dans leur bac.

Si vous devez tout de même changer de litière, ajoutez près du bac ordinaire un bac supplémentaire qui ne contient que du granulat « expérimental », ou remplacez graduellement la litière habituelle par la nouvelle. La première méthode devrait convenir si, par exemple, vous croyez que certains chats apprécieraient une litière d'un type différent. Vous pouvez même disposer plusieurs nouveaux bacs, chacun contenant un type de litière différent, puis laissez les félins faire leur choix. Si vous connaissez assez bien le « rituel » de chacun de vos chats, vous saurez quels sont ceux qui ont adopté la nouvelle litière, puisque chaque animal a sa manière de couvrir ses excréments. Cela dit, certains chats ne creusent jamais la litière ni ne couvrent leurs excréments, mais il est important de noter les changements qui surviennent dans le comportement de vos animaux. Si l'un de vos félins gratte habituellement la litière, mais ne le fait plus, ou s'il commence à gratter les parois du bac, le mur derrière le bac ou le plancher tout autour, c'est peut-être une manifestation d'aversion. Un chat insatisfait de sa litière peut aussi se percher sur le bord du bac pour faire ses besoins, la queue vers l'intérieur, mais dans cette position il peut bien sûr faire des dégâts. Parfois, un chat indisposé s'approche du bac sans jamais y entrer, puis il fait ses besoins juste à côté, ou sur un tapis proche. Il est important de se rappeler que le changement de comportement d'un chat qui cesse de creuser la litière ou de couvrir ses déchets peut aussi être lié à un problème de santé.

Souvent, parmi un groupe de chats, plusieurs préfèrent un type de litière. Réservez-leur quelques bacs. Vous ne pourrez pas empêcher les autres chats d'utiliser ces bacs spéciaux, mais au moins les individus plus capricieux seront satisfaits. Si vous observez une hausse marquée de la fréquentation des bacs ajoutés, c'est peut-être le signe que la plupart de vos chats ont adopté la nouvelle litière et qu'il est temps de remplacer l'ancienne dans au moins quelques-uns des autres bacs. Le sens du toucher du chat est particulièrement fin. La texture de la litière est donc un élément important. Avec de nombreux félins à la maison, on doit s'attendre à ce qu'ils ne partagent pas tous les mêmes goûts.

Si vous avez de la difficulté à nettoyer la litière souillée parce que les blocs d'urine, nombreux et lourds, s'effritent au pelletage, changez-la pour une litière à usage intensif. Les formules multichats, conçues pour les bacs très fréquentés, produisent des blocs plus fermes, ce qui facilite le nettoyage. Pensez aussi à rafraîchir la litière en y ajoutant un complément de surface.

La seconde méthode pour changer de marque ou de type de litière consiste à remplacer graduellement la litière d'un bac par des ajouts successifs de la nouvelle formule. Pour ce faire, augmentez la proportion du nouveau granulat tous les deux ou trois jours. Si les chats commencent à bouder le bac à litière ou qu'ils négligent de couvrir leurs déchets comme auparavant, c'est que vous allez trop vite. Si ces comportements persistent chez certains chats, c'est sans doute parce que le type de litière ne leur convient pas.

Qu'il s'agisse de passer d'une litière d'argile à une formule agglomérante, ou d'une agglomérante à une litière à cristaux, sachez que l'efficacité d'un mélange de litières est amoindrie. Par exemple, la litière agglomérante agglutinera moins bien les excréments si la proportion d'argile est trop importante. Soyez patient durant la transition, la nouvelle litière finira par remplacer l'ancienne.

Quand vous intégrez un nouveau chat dans la famille et qu'il est habitué à un type de litière, continuez à lui en fournir dans la pièce qui lui sert de refuge, jusqu'au moment où il se sentira bien dans son nouvel environnement. Par la suite, vous pourrez tenter un changement graduel de sa litière. Si vous ne savez pas quel type de litière le chat préfère, ou si c'est un animal perdu que vous voulez adopter, donnez-lui d'abord de la litière agglomérante inodore. Si c'est un animal d'extérieur, il recherchait probablement le sable et la terre pour y faire ses besoins. Enfin, si vous utilisez habituellement une litière spéciale, offrez à l'animal deux bacs dans son refuge, l'un contenant de la litière inodore, et l'autre, de la litière spéciale. Avec un peu de chance, il choisira celle que vous utilisez déjà. Sinon, vous pourrez tenter le remplacement graduel une fois que le chat sera bien acclimaté.

Même si vous fournissez à vos chats la même litière depuis toujours, une aversion pour cette litière peut se manifester brusquement chez un animal. Par exemple, certains chats peuvent détester le parfum du déodorant à litière que vous utilisez depuis peu. D'autres abhorrent le bruit de froissement de la doublure en plastique que vous avez installée dans le bac, ou ils n'aiment pas que leurs griffes s'accrochent dans le plastique quand ils grattent la litière. Quoi qu'il en soit, doubler le bac à litière est inutile : la doublure est rarement adaptée à la forme du bac ; et le plastique crée des poches où l'urine s'accumule sans être absorbée. Une de mes clientes utilisait des sacs à ordures de cuisine comme doublures et elle prenait soin d'en fixer les bords aux parois du bac. Cette pratique ne semblait pas ennuyer ses chats, mais, un jour, deux des quatre chats cessèrent d'utiliser le bac, puis je découvris que ma voisine utilisait maintenant des sacs parfumés au citron. Erreur! Les chats n'aiment pas l'odeur des agrumes!

Enfin, il arrive qu'un chat craigne le bac où il flaire l'odeur d'un congénère malade.

Le niveau de litière

Le jour où l'on décide d'avoir plus d'un chat, on dit adieu aux petits formats de sacs à litière et on entre dans l'univers des grandes surfaces et des formats géants, car il y a deux choses dont le propriétaire de chats ne veut jamais manquer: la nourriture et la litière.

Pour entretenir convenablement les bacs, il faut d'abord s'assurer que la quantité de litière est suffisante et constante. Selon la fréquence d'utilisation des bacs, vous aurez constamment à ajouter de la nouvelle litière pour remplacer celle que vous jetterez avec les excréments. En règle générale, il suffit d'en ajouter tous les deux jours. Une des choses que j'observe trop souvent lors de mes visites à domicile, c'est le bas niveau de litière dans les bacs. Or, il devrait toujours y avoir assez de granulat frais dans le bac pour aux moins trois visites des chats. Si certains animaux grattent la litière avec enthousiasme, prenez soin d'en ajouter un peu plus dans les bacs qu'ils utilisent fréquemment. Et, quand vous passez les bacs en revue, assurez-vous que la surface de la litière est plane, et non pas en relief. Si vous pouvez distinguer le fond du bac, sachez que les chats pourraient le déserter. Le problème, c'est qu'un bac dans lequel il manque de la litière dégage une forte odeur à cause de l'urine non absorbée qui y stagne. Mais il ne faut pas remplir le bac à ras bord, sinon la litière se répand hors du bac, et puis les chats pourraient refuser de grimper sur cette montagne.

L'emplacement des bacs

Ne placez jamais un bac près des bols d'eau et de nourriture, car les chats ne mangent pas où ils font leurs besoins. Cette habitude s'explique : dans la nature, le chat fait ses besoins loin de son nid, sinon l'odeur pourrait y attirer les prédateurs. C'est donc, pour les félins, une question de survie, et même le chat d'intérieur le plus choyé conserve cet instinct. Si, chez vous, la nourriture et la litière doivent se trouver dans la même pièce, par exemple dans la chambre d'un nouveau venu, placez les bols et le bac contre des murs opposés. Assurez-vous aussi que le bac n'est pas situé près d'un appareil électroménager bruyant qui pourrait surprendre le chat au mauvais moment. Le bruit soudain d'une laveuse qui s'active pourrait éloigner le chat du bac adjacent.

Éviter les conflits territoriaux

Quand on a plusieurs chats, on doit leur fournir plusieurs bacs à litière dans des lieux adéquats. Peut-être pensez-vous avoir trouvé la solution en aménageant une pièce en « salle des litières », mais en réalité vos chats pourraient se rebeller un jour contre une situation devenue intolérable. Attention ! Aversion pour la litière à l'horizon. Pourquoi ? Parce que tout ce qui se trouve chez vous s'intègre à des territoires qui se recouvrent partiellement l'un l'autre. Par exemple, il est possible qu'un chat ait établi un territoire dont une partie se trouve dans la salle des litières. Ainsi, les chats des bas échelons de la hiérarchie peuvent avoir peur d'entrer dans cette pièce. La solution est de répartir partout dans la maison les bacs à litière, de manière à toucher tous les territoires.

Chez moi, mes trois chats se sont approprié différentes zones de la maison et partagent leurs territoires respectifs sans anicroche, mais j'ai installé un bac à litière dans chacune des trois zones. Même si les trois chats utilisent les trois bacs, chacun fréquente le plus souvent celui qui lui est destiné. S'il n'y a pas de conflits territoriaux chez moi, c'est parce que je me suis assurée de prévenir les problèmes en satisfaisant aux besoins individuels de mes trois chats.

Conjuguer intimité et sécurité

Certes, les chats ont besoin d'une certaine intimité. Après tout, peu de chats aimeraient avoir leur bac à litière au milieu du salon, entouré d'enfants, d'une console de jeux vidéo et tout le bataclan. Mais certaines personnes exagèrent. Respecter la vie privée d'un chat peut lui être bénéfique, mais pousser le respect jusqu'à l'exagération pourrait se révéler néfaste.

Un chat de bas rang se trouvant dans le bac à litière est extrêmement vulnérable aux embuscades d'un chat dominant. Surpris par le chat auquel « appartient » le bac, le pauvre peut être pris au piège avant d'avoir fini de faire ses besoins. Les chiens et les jeunes enfants sont aussi des menaces potentielles. Le chat qui fait ses besoins ne devrait pas avoir à se tenir constamment sur ses gardes. Assurez-vous donc que vos chats pourront fuir en cas de danger, d'abord en mettant à leur disposition des bacs ouverts. Mais n'allez pas mettre le bac dans un placard ou dans un angle de la pièce ! Placez-le plutôt à découvert, en laissant un espace suffisant entre le bac et le mur pour qu'un chat puisse s'y réfugier si nécessaire.

De plus, assurez-vous que le chat dans le bac aura un très vaste champ de vision. Ainsi, il sera rassuré de voir qui s'approche. Sinon, la tension pourrait monter et un chat angoissé pourrait finir par souiller le plancher dans un endroit « à découvert », du fait qu'il ne veut surtout pas se faire coincer dans le bac à litière. Un chat de bas rang peut aussi choisir une pièce qui n'a pas été réclamée « officiellement » par un congénère, ou une pièce que les maîtres utilisent rarement. Voilà pourquoi certains chats ont une prédilection pour la salle à manger : elle leur fournit plusieurs issues, et elle n'est occupée que lorsqu'il y a des invités. La chambre d'ami est aussi un choix populaire, parce que les chats y voient un territoire neutre ou périphérique par rapport aux pièces plus fréquentées. Un chat peut aussi opter pour la chambre des maîtres, parce qu'il retrouve là leur odeur concentrée, familière et réconfortante. Bien que la pièce n'offre pas autant d'issues que d'autres, c'est pour l'animal une sorte de sanctuaire où il se sent en sécurité.

Pour éviter qu'un de vos félins fasse ses besoins n'importe où, placez des bacs dans différentes pièces, de sorte que les animaux pourront toujours voir l'entrée de la pièce où ils se trouvent. S'ils peuvent voir jusque dans le couloir, c'est encore mieux.

ASTUCE FÉLINE : UN PEU DE CRÉATIVITÉ

Soyez attentif aux besoins de chacun des chats. L'emplacement des bacs à litière dans un logis où vivent plusieurs chats nécessite souvent beaucoup de créativité afin de satisfaire les chats qui fuient les regards et ceux qui cherchent les issues.

Établissez un équilibre entre le meilleur champ de vision possible et un degré d'intimité acceptable pour l'animal. Et puis, là où règne une tension extrême entre les chats, il faut aménager les lieux en fonction des possibilités de fuite. Si, dans une telle situation, le bac doit être mis au milieu de la pièce, faites-le (mais sachez que c'est temporaire).

La projection d'urine et la communication

La projection d'urine est une forme complexe de communication féline, une sorte de langage qui ne leur sert pas qu'à marquer leurs territoires respectifs, mais aussi à transmettre leur état sexuel, leur agressivité, à manifester leur dominance après une confrontation, ou à exprimer leur incertitude ou leur insécurité.

Astuce féline : à ne pas faire

Ne jamais saisir le chat pour lui mettre le nez dans ses excréments ! C'est un geste cruel et extrêmement stressant pour l'animal qui ne ferait que vous causer plus d'ennuis par la suite. Le chat pensera que vous le punissez pour avoir fait ses besoins ; il ne comprendra pas que c'est l'endroit choisi pour le faire qui ne vous convient pas.

Il faut savoir que la projection d'urine est un comportement naturel, normal, voire vital pour le maintien de la structure sociale des chats. L'« arroseur » n'agit pas ainsi par méchanceté ni par vengeance. Quand un chat projette de l'urine, il ne fait que réagir à sa manière à une situation particulière. Cela dit, la miction hors du bac est un phénomène différent, le plus souvent associé à une aversion pour la litière ou à une affection des voies urinaires, parfois au stress de la vie en communauté.

Pour projeter son urine à des fins de communication et de marquage, le chat reste debout (il ne s'accroupit pas comme il le fait dans la litière), recule vers l'endroit visé, se met à frétiller de la queue et à pétrir le sol avec ses pattes avant. Il ferme parfois les yeux à demi, puis il émet un jet d'urine horizontal, généralement sur une surface verticale. En restant debout, le chat arrose l'objet à hauteur de nez. De cette façon, il s'assure que le « passant » captera son message.

Il arrive que le chat arrose un objet à surface horizontale, comme le tapis, le lit, le divan ou la table. Un mince filet de liquide est généralement l'indice d'une projection d'urine, alors qu'une flaque est la trace d'une miction déplacée. Il n'est pas toujours facile de comprendre le chat. Par exemple, le maître découvre une tache d'urine sur le tapis, près d'un mur, mais ne remarque pas que le liquide a coulé à partir de la cible verticale visée par le chat.

Le félin de haut rang projettera souvent son urine à plusieurs endroits pour s'assurer que ses congénères percevront toute l'étendue de son territoire. Un chat dominant qui pénètre sur un territoire étranger le fera simplement pour annoncer son arrivée ou pour avertir les autres de sa présence. Le chat d'extérieur marquera d'urine les limites verticales de son territoire tout en faisant ses rondes habituelles.

Le chat de bas rang projette son urine à un ou deux endroits, pour se tailler un petit territoire à lui ou pour s'informer de la situation (en réponse à la menace d'un congénère), ou pour signaler passivement son agressivité. Souvent, un chat timide n'émet de l'urine qu'après le départ d'un chat dominant ou plus fort que lui, par crainte de le provoquer. Dans ce cas, l'émission d'urine est la réponse du chat à une menace, mais après le fait, ce qui lui permet d'éviter la confrontation directe et les blessures éventuelles. Quand il y a de l'hostilité dans l'air, il arrive que les félins des échelons inférieurs se fassent la guerre à jets d'urine au lieu d'engager le combat.

Bien que la plupart des gens associent la projection d'urine à un comportement de chat mâle, on l'observe aussi chez les femelles qui se sentent menacées ou qui veulent signaler leur arrivée dans un territoire de chasse.

POURQUOI LES CHATS SÛRS D'EUX PROJETTENT-ILS DE L'URINE ?

- Pour signaler leur arrivée dans un territoire inconnu.
- Pour faire connaître leur état sexuel.
- Pour affirmer leur rivalité avec d'autres chats de même statut.
- Pour marquer le périmètre de leur territoire lors d'une patrouille.
- Pour confirmer leur supériorité à la suite d'une victoire.
- Pour démontrer leur agressivité.
- Pour répondre à une menace.

Enfin, le chat se prépare parfois à projeter de l'urine, mais sans émettre de liquide, en particulier s'il est trop timide ou nerveux pour oser répondre à un autre félin.

POURQUOI LES CHATS TIMIDES PROJETTENT-ILS AUSSI DE L'URINE ?

- Pour essayer de se tailler une portion de territoire.
- Pour démontrer passivement leur agressivité.
- Pour s'informer de la situation ou de leur statut.
- Pour répondre à une menace.

Souvent, le chat timide projette son urine quelque part et y revient plus tard pour en tirer des renseignements. Ainsi, il évite des confrontations directes avec ses congénères.

Le marquage horizontal

Le chat confiant et libre de rôder à l'extérieur laisse parfois des excréments comme marqueurs olfactifs et visuels pour délimiter son territoire ou pour affirmer son droit de passage dans un lieu contesté par un rival. Il peut aussi marquer son passage de projections d'urine sur les arbres ou dans les buissons. Quant au chat timide, il laissera des excréments sur une surface horizontale, parce que cela ne représente pas une aussi grande menace pour les autres félins que la projection d'urine sur une surface verticale.

Il est souvent difficile de différencier le marquage horizontal à l'urine de la miction déplacée ou d'une manifestation d'aversion pour la litière. Procédez par élimination pour vous assurer que le chat concerné n'est pas malade, qu'il n'abhorre pas sa litière, que les bacs sont assez nombreux et les issues, adéquates. Si rien de tout cela n'est en cause, votre chat manifeste peut-être un comportement de marquage horizontal. Dans ce cas, il vous faudra faire un peu de sociologie féline pour mieux comprendre comment vos animaux se partagent le territoire.

Le traitement contre le marquage à l'urine

Avant d'appliquer les solutions à ce problème, tentez d'abord d'en déterminer la cause. Sachez que les chats vivant en communauté n'émettent pas d'urine sans raison.

Quels sont les endroits marqués à l'urine ? Dans quelles circonstances les chats manifestent-ils ce comportement ? Si les traces d'urine ne se trouvent qu'à un endroit, c'est peut-être parce qu'un chat de bas rang essaie de s'approprier une portion du territoire. Si vous adoptez un chat, la hiérarchie sera perturbée et un congénère voudra peut-être éprouver le nouveau venu. Si vous savez quel chat est fautif, essayez de vous rappeler ce qui s'est passé juste avant l'acte. Le chat émet-il de l'urine après une confrontation avec un congénère ? Y a-t-il une constante dans vos observations, un lien entre des événements récurrents ?

Notez les lieux marqués par l'urine, ce sont des indices. Votre domicile est divisé en territoires exclusifs, en aires communes et en chemins d'accès neutres. Si vous connaissez bien vos chats, vous saurez à quelle catégorie appartient tel lieu marqué. Si c'est sous une fenêtre ou au pied du mur opposé à une fenêtre qui donne sur une cour ou un jardin, il est possible que l'arroseur ait réagi à la présence, dehors, d'un félin étranger. Cela se produit souvent dans les foyers où ne vit qu'un seul chat, mais, là où vivent plusieurs chats, un individu peut agir ainsi quand il sait qu'il n'y a pas de place pour lui. Parfois, le chat qui va dehors expulse de l'urine à son retour, parce qu'il a vécu des aventures qui l'ont effrayé. Peut-être a-t-il croisé un rival ou détecté son odeur ? Peut-être y a-t-il eu confrontation ? De retour au logis, le chat ressent parfois le besoin de se rassurer en marquant son territoire à nouveau.

Sachez aussi que ce sont souvent les chats des échelons médians de la hiérarchie qui se disputent ainsi, car leur insatisfaction quant à leur position sociale peut être grande. Le marquage se faisant la plupart du temps à la dérobée, l'arroseur pourrait être l'animal que vous soupçonnez le moins. Pour en avoir le cœur net, observez votre logis avec les yeux d'un chat! Cependant, si les indices sont insuffisants et que votre enquête ne mène à rien, demandez au vétérinaire des capsules de fluorescéine, une teinture ophtalmique inoffensive, et donnez-en une au chat suspect. Ensuite, munissez-vous d'une lampe à ultraviolets. Si ce chat urine quelque part, la lampe dans le noir fera briller la fluorescéine contenue dans son urine. Il s'agit de tenir la lampe à faible distance de l'objet à examiner. Si ce chat est innocent, donnez une capsule au chat suivant, et ainsi de suite, jusqu'au moment où le coupable sera démasqué.

Vous pouvez aussi installer des caméras de surveillance pour les bébés dans les pièces où se concentrent les traces de marquage. Ces appareils sont abordables et simples, et vous pouvez les brancher à un magnétoscope qui fonctionnera jour et nuit.

Repérer les endroits souillés

Certaines traces de marquage sautent aux yeux et sont facilement détectables à l'odorat, mais d'autres, non, car les chats urinent parfois dans des endroits inusités. Utilisez la lampe à ultraviolets pour découvrir les lieux souillés. Vérifiez bien le bas des murs, les encoignures, les tapis, l'arrière des meubles, etc. Inspectez les aires de rangement, l'espace sous les lits, les coins derrière les portes, et tout ce qui se trouve dans les placards : souliers, sacs, le bas de vos vêtements suspendus, etc. N'oubliez pas d'éclairer les zones autour des bacs à litière – le plancher, le bas des murs voisins et l'entrée de la pièce.

Un petit avertissement avant que vous commenciez le repérage des marques d'urine : préparez-vous au pire, car la lumière ultraviolette éclaire chaque goutte d'urine et même toutes les traces de vomissure ou de diarrhée accidentelles que vos chats ont laissées par le passé, alors ne paniquez pas si vous voyez que tout est tacheté. En cas de doute, nettoyez toutes les taches suspectes, ou, si vous êtes brave, allez-y à l'odeur. En furetant partout, vous découvrirez aussi, sans doute, des boules de poils.

Nettoyer les taches et neutraliser les odeurs

Le nettoyage des émissions d'urine est plus aisé quand les marques sont sur le plancher; vous n'avez qu'à les essuyer et qu'à utiliser un désodorisant. Pour traiter un tapis, épongez le plus de liquide possible avec des essuie-tout, puis utilisez un produit nettoyant conçu pour les propriétaires d'animaux de compagnie (Nature's Miracle est l'une des marques les plus populaires). Assurez-vous d'acheter un produit à action enzymatique: seules les enzymes sont vraiment efficaces pour neutraliser les odeurs animales. Les produits ménagers ordinaires ne font que masquer les odeurs sans les éliminer, laissant des molécules résiduelles que les chats peuvent percevoir grâce à la finesse de leur odorat.

Traitez le tapis souillé en saupoudrant ou en vaporisant le produit sur la tache et faites-le pénétrer dans le poil. Laissez-le agir pendant quelques minutes, puis épongez-le avec des essuie-tout. Ne frottez pas. Si le fond du tapis ou le sous-tapis semblent imprégnés d'urine, remettez du neutralisant et suivez les recommandations du fabricant. Pour retirer le plus d'humidité possible, déposez un objet lourd sur les essuie-tout pour quelques instants. Remplacez les essuie-tout au besoin, jusqu'à ce qu'il n'y ait plus rien à absorber. Si la zone est encore humide, actionnez un ventilateur.

Si la zone souillée a été marquée d'urine à plusieurs reprises, mais qu'elle est sèche, vous devrez la mouiller avant de la nettoyer, car le nettoyant aux enzymes peut être inefficace sur une accumulation d'urine sèche. Humidifiez d'abord la tache avec de l'eau, puis épongez. Utilisez ensuite le neutralisant comme pour une tache fraîche.

Les nettoyants enzymatiques sont aussi efficaces pour traiter les taches de vomi, de sang ou de diarrhée. Je vous recommande de toujours en avoir sous la main. Par ailleurs, n'utilisez pas ces produits sur les surfaces verticales, par exemple un mur ou une patte de table. N'employez d'abord que de l'eau, puis un autre produit conçu pour traiter ces surfaces. Vous comprendrez pourquoi à la lecture de ce qui suit.

Modifier la mauvaise habitude d'un chat

Même si vous avez repéré et nettoyé toutes les marques d'urine de vos chats, la force de l'habitude les fera repasser aux mêmes endroits. Heureusement, on peut modifier ce comportement en utilisant le Feliway, produit conçu pour corriger le comportement de marquage chez les félins. Le Feliway contient des phéromones synthétiques semblables aux phéromones faciales produites par les chats, et ces phéromones ont un effet apaisant sur eux, contrairement aux phéromones de l'urine qui signalent un état d'excitation. Donc, il suffit d'appliquer le Feliway sur les surfaces verticales pour tromper le chat qui, croyant y reconnaître ses propres phéromones faciales, se calmera et ne ressentira plus le besoin de marquer l'endroit à l'urine. Toutefois, il convient de laver les surfaces verticales avec de l'eau avant de vaporiser le Feliway sur les anciennes marques d'urine, parce que le neutralisant enzymatique pourrait annuler les effets du Feliway.

Vous trouverez le Feliway (en vaporisateur ou en diffuseur électrique), ou un produit semblable, dans les animaleries, les cliniques vétérinaires ou sur Internet. Si de multiples endroits sont marqués d'urine, ou si les zones souillées sont difficiles d'accès, procurez-vous le vaporisateur. Durant un mois, traitez les marques d'urine toutes les douze heures afin de maintenir une haute concentration de phéromones synthétiques. Tenez le contenant à dix centimètres de la surface à traiter et vaporisez le produit à vingt centimètres du sol. C'est la hauteur moyenne du nez d'un chat sur ses quatre pattes. Après avoir traité une pièce au Feliway, il est recommandé d'attendre une demi-heure avant de permettre aux chats d'y avoir accès. Si la situation s'est améliorée au bout d'un mois, vous pouvez passer à un traitement par jour. Sinon, continuez d'appliquer le produit deux fois par jour durant un autre mois. Même quand le problème sera réglé, vous répéterez le traitement plusieurs fois par semaine. Une fois que le produit a séché, vous ne sentez rien, mais vos chats captent les phéromones lénifiantes. Ne traitez pas que les zones visées par les chats, mais vaporisez le Feliway à la base de tout meuble ou objet que le chat pourrait arroser.

Le diffuseur électrique est surtout utile dans les cas où le marquage à l'urine se limite à une pièce, mais vous pouvez brancher un appareil dans tous les lieux « à risque », par exemple là où vos chats passent le plus de temps. Vous réduirez ainsi le stress ambiant. Les diffuseurs peuvent vous simplifier la tâche en vous évitant d'avoir à vaporiser deux fois par jour les surfaces ciblées par les chats.

Vous pouvez aussi utiliser le Feliway dans la pièce d'accueil d'un nouveau chat, ou dans la maison où vous venez d'emménager pour aider vos chats à s'y acclimater, ou quand il y a de la tension féline dans l'air. En bref, le produit contribue à rétablir et à maintenir un climat de calme quand cela devient nécessaire.

La thérapie par le jeu interactif

Le jeu interactif peut aussi nous aider à modifier le comportement de marquage d'un chat. Il s'agit tout simplement de jouer avec l'animal près de la zone problématique. Si vous devez traiter plusieurs félins, commencez par deux séances individuelles par jour. Avant chaque séance de jeu, éloignez les autres chats de la pièce. Si plusieurs endroits sont fréquemment marqués d'urine, tenez-y les séances alternativement. Ces jeux amèneront progressivement le chat à modifier sa perception des lieux, à le faire passer de l'état d'anxiété, associé à l'endroit visé par le marquage, à un état de confiance résultant de la stimulation de son instinct de chasseur.

En dehors des séances planifiées, vous pouvez utiliser le jeu interactif de façon ponctuelle pour distraire l'animal et détourner son attention d'une cible potentielle, avant qu'il passe aux actes. Il est important d'agir au bon moment: une fois que le chat commence à uriner, il est trop tard. Des cris ou des coups pourraient avoir un effet immédiat mais temporaire, et le chat marquerait sans doute l'endroit plus tard, en cachette. Et puis la relation affective que vous entretenez avec lui risque d'être perturbée. Au lieu de crier ou de le frapper pour l'empêcher d'uriner, employez plutôt la méthode qui suit: cachez des jouets un peu partout dans la maison (comme le Dragonfly ou le Cat Dancer) et, lorsque vous pressentirez qu'un chat se prépare à commettre un délit, vous aurez à portée de main de quoi détourner son attention. Si plusieurs chats urinent en différents lieux, ayez un ou deux petits jouets dans vos poches en tout temps.

Si le chat ne se laisse pas distraire par un jouet, ou s'il est déjà en train d'uriner, utilisez une « canette à secouer » (canette vide contenant des pièces de monnaie) pour faire un peu de bruit et le surprendre sans l'effrayer. Dans la cuisine, entrechoquez des casseroles, mais ne laissez pas l'animal vous voir, sinon il accomplirait ses méfaits en secret. D'ailleurs, soyez toujours discret quand vous voulez interrompre chez un chat un comportement indésirable. Ne vous voyant pas agir, le chat ne vous associera pas directement à la peur engendrée par l'effet de surprise. Il sera plus enclin à éviter l'endroit sensible s'il associe son malaise au bruit qu'il a entendu ou au jet d'eau qu'il a reçu, et non à la personne qui en est responsable. Autrement dit, votre intervention ne doit pas laisser le chat indifférent, mais ne doit pas le terroriser non plus.

Enfin, pensez à féliciter le chat que vous voyez sortir du bac à litière, si c'est l'un des arroseurs du logis. Surtout s'il était sur le point d'uriner dans un lieu interdit et que vous avez réussi à le diriger vers le bac.

La nourriture comme moyen de persuasion

Puisque le chat ne fait pas ses besoins où il mange, il est possible de modifier un comportement indésirable en plaçant de petits bols de nourriture sèche (en plus des bols habituels) aux endroits marqués. Cette méthode n'est pas infaillible, mais on peut la compléter par un traitement au Feliway et des séances de jeu interactif. Si vous optez pour cette technique, veillez à ne pas suralimenter le chat traité.

User de moyens dissuasifs

Si vous n'êtes pas en mesure d'utiliser l'une ou l'autre des techniques décrites plus haut (il est presque toujours possible d'utiliser le Feliway), employez des moyens dissuasifs pour protéger temporairement l'endroit visé. Couvrez ces zones avec des morceaux de tapis en plastique couvert de Feliway. Si vous ne voulez absolument pas que vos chats passent dans une certaine zone, disposez des canettes à secouer autour des tapis. Le bruit qu'elles font ne plaît pas aux chats et vous servira de signal d'alarme. Vous pouvez aussi ajouter des bandes de ruban adhésif Sticky Paws à votre installation. Personnellement, je n'aime pas utiliser la dissuasion, parce qu'elle perpétue l'impression négative qu'a le chat de l'endroit ainsi traité. Certes, l'approche dissuasive empêchera temporairement vos félins de souiller les zones fréquemment visées, mais tôt ou tard vous devrez modifier durablement leur comportement.

Améliorer les relations interfélines

Changer la perception qu'a le chat de l'endroit qu'il souille n'est que la moitié de la tâche à accomplir. Il faut aussi établir l'harmonie entre les arroseurs et leurs opposants. Si vous ne faites que modifier l'environnement, il est possible que les chats continuent d'entretenir entre eux des rapports hostiles ou tendus.

Avant de vous atteler à la tâche d'améliorer les relations entre vos félins, vous devez vous assurer que chacun d'eux a un territoire adéquat et un bac à litière accessible. Après cela, vous pourrez modifier leurs comportements agressifs par des formes de diversion plus intenses que celles décrites plus haut. Observez d'abord vos animaux, puis, quand un chat adopte une posture ou une attitude hostile, intervenez en utilisant un jouet interactif pour détourner son agressivité. Cette technique de diversion vous sera utile quand vos chats manifesteront un comportement que vous voulez interrompre et modifier sur-le-champ. Les différentes formes de diversion recommandées sont expliquées au chapitre 5.

Quand la tension devient palpable et que l'hostilité s'installe entre un chat arroseur et un ou plusieurs de ses congénères, la meilleure solution est parfois de repartir à zéro et de refaire les présentations en exposant graduellement les bêtes l'une à l'autre, dans des circonstances favorables à la bonne entente. Si le marquage à l'urine semble lié à l'arrivée d'un nouveau chat, isolez ce dernier dans une pièce et ralentissez le rythme de son intégration à la maisonnée.

La miction déplacée

Si les traces d'urine ne semblent pas être une manifestation de territorialité, elles sont sans doute le résultat de mictions déplacées. Vous devez vous assurer que ces mictions ne sont pas attribuables à un problème de santé, comme une infection des voies urinaires. Consultez le vétérinaire.

Si l'animal est en bonne santé, le problème peut être causé par une aversion pour la litière, par l'emplacement d'un bac ou son insalubrité, par un surpeuplement félin, etc. Sortez votre lampe à rayonnement ultraviolet et repérez les endroits souillés. Si un chat urine toujours au même endroit, placez-y temporairement un bac à litière. Par son comportement, le chat vous laisse savoir où il veut faire ses besoins. Son angoisse sera grandement réduite si vous comprenez son langage.

INDICES DE MALADIE DES VOIES URINAIRES

- Le chat visite très fréquemment le bac à litière.
- Chaque fois, la quantité d'urine évacuée est petite, voire nulle.
- Il y a présence de sang dans l'urine.
- Le chat déploie de grands efforts au moment d'uriner.
- Il se lèche souvent les organes génitaux.
- Il urine hors du bac.
- Son appétit diminue beaucoup.
- Le chat semble irritable et déprimé.

Laissez le bac à l'endroit choisi par le chat. Quand vous verrez qu'il l'utilise régulièrement et qu'il a cessé de souiller le plancher ou le tapis, déplacez graduellement le bac vers un lieu plus approprié, si vous le jugez nécessaire, mais ne le déplacez pas de plus de trente à soixante centimètres par jour. Un changement brusque de l'emplacement du bac pourrait provoquer de nouveau la miction déplacée. Avec un peu de chance, le chat trouvera l'emplacement définitif du bac aussi satisfaisant que l'endroit qu'il avait choisi pour uriner. Néanmoins, même après tous vos efforts pour modifier son comportement et améliorer les relations interfélines, il se peut que le chat s'obstine à uriner au mauvais endroit. Dans ce cas, c'est peut-être que l'endroit choisi par lui est le seul où il se sent vraiment en sécurité.

Il arrive parfois qu'un chat malade (infection, diarrhée, constipation, etc.) associe temporairement le mal qu'il ressent au bac à litière qu'il utilise, et ce, même si la maladie ou l'inconfort est de courte durée. S'il continue d'éviter le bac alors qu'il semble aller mieux, placez un nouveau bac dans les environs du premier, mais pas trop près. Versez-y une autre sorte de litière. Dans certains cas, le chat peut tout simplement avoir du mal à entrer dans le bac ou à en sortir. Vous pouvez faciliter l'accès à la litière en plaçant un grand bac peu profond là où le chat tend à faire ses besoins.

CAUSES POSSIBLES DE MICTION DÉPLACÉE

- Problème de santé.
- Déménagement.
- Bac à litière malpropre.
- Arrivée d'un nouveau venu ou départ d'un congénère.
- Surpeuplement de félins dans le logis.
- Le bac à litière ne convient pas au chat.
- Le chat déteste le type de granulat utilisé.
- Le bac à litière se trouve à un endroit inadéquat.
- Le chat est troublé par un changement de marque ou de type de litière.
- Le niveau de litière est trop bas ou trop élevé.
- Arrivée d'un bébé ou d'un nouveau membre dans la famille.
- Le chat ressent la perte récente d'un être qui vous était cher.
- L'horaire habituel est perturbé.
- Traumatisme lié à une punition.

Les comportements de dominance

Un chat du sommet de la hiérarchie exprime à l'occasion sa dominance en montant la garde près d'un bac à litière. Ce comportement peut être si subtil qu'on ne le remarquera pas. Parfois, le chat semble se détendre tout bonnement dans le couloir qui mène à la pièce où se trouve un bac à litière ! Pour que vos félins se sentent en sécurité au moment de faire leurs besoins, choisissez l'emplacement des bacs selon trois facteurs : facilité d'accès, bonne étendue du champ visuel et possibilité de fuite.

Vous remarquerez que, une fois que le bac a été nettoyé et rempli de litière fraîche, un de vos chats, presque toujours le même, insiste pour être le premier à y entrer. Parfois, il va même jusqu'à sauter dans le bac avant que vous ayez fini, ou bien il reste assis et, les yeux rivés sur vous, observe chacun de vos gestes pendant que vous manipulez « son » bac à litière. Il n'est pas rare qu'un chat de haut rang s'impose pour baptiser la nouvelle litière, ou qu'il s'y attarde plus longtemps la première fois. C'est même tout à fait normal !

Chapitre 8

....

Se faire les griffes

Vous devriez comprendre toute l'importance des griffes pour un chat et lui fournir ce dont il a besoin pour les maintenir en bon état. Négliger cet aspect affecterait non seulement l'état de vos meubles, mais aussi la qualité de votre relation avec l'animal. Cela dit, il n'est vraiment pas nécessaire de faire dégriffer un chat. C'est même cruel.

Pourquoi le chat se fait-il les griffes?

Beaucoup de gens pensent que le chat qui se fait les griffes ne fait que les aiguiser. Bien que ce comportement inné lui permette d'enlever la pellicule morte recouvrant ses griffes, là n'est pas sa seule utilité.

Le marquage du territoire

Passé maître dans l'art de la communication, le chat dispose de nombreux moyens pour faire que tout se passe bien à l'intérieur comme à l'extérieur de son territoire. Quand il marque de ses griffes un objet, il laisse en fait un indice visuel qui avertit ses congénères qu'ils approchent d'un territoire exclusif. Ainsi, les chats maintiennent la paix en s'évitant mutuellement et en gardant leurs distances.

Le chat qui se fait les griffes sur un objet y laisse aussi son odeur, puisque ses coussinets plantaires renferment des glandes odoriférantes qui sont stimulées quand il les presse. C'est pourquoi un chat dégriffé continue à se faire les griffes. S'il n'est plus en mesure de laisser des indices visuels, il peut encore laisser une trace olfactive.

L'expression des émotions et le transfert

Se faire les griffes est un des modes d'expression que peut employer le chat pour montrer l'émotion qu'il ressent à un moment donné. Par exemple, quand vous rentrez à la maison après le travail, le chat montre son excitation en courant jusqu'à sa planche à griffer dès qu'il entend le son de la clef dans la serrure. Ou encore, anticipant son prochain repas, il se met à gratter quand vous vous dirigez vers la cuisine.

Si le chat n'a pas ce qu'il veut et qu'il n'a pas la possibilité d'y accéder, il transférera souvent sur un objet son émotion, notamment la frustration, l'anxiété ou le stress des relations interfélines. C'est pour lui une façon saine de se défouler. Le transfert d'émotion peut aussi avoir lieu lors du toilettage. Le félin se lèche alors jusqu'à ce que l'émotion passe.

Pour étirer et tonifier ses muscles

En se faisant les griffes, le chat s'étire les muscles du dos et des épaules. Après une sieste ou une longue séance d'observation des oiseaux sur le bord de la fenêtre, il n'est pas rare de voir le félin se diriger immédiatement vers la planche ou le poteau à griffer. Un de mes chats, Albie, âgé de vingt ans, dort avec moi toute la nuit. Le matin, quand je me retourne pour éteindre la sonnerie du réveil, j'entends Albie gratter vigoureusement la planche installée près du lit, car il a besoin de dénouer ses vieux muscles. Il fait la même chose au beau milieu de la nuit, avant de visiter le bac à litière.

Les types de griffoirs

Certains chats aiment à se faire les griffes sur un objet placé à l'horizontale, mais la plupart préfèrent gratter un objet vertical, parce qu'il leur permet de mieux s'étirer et de laisser une marque visuelle plus évidente.

Dans la majorité des cas, les chats se satisferont d'un poteau relativement grand, solide à la base et recouvert d'étoffe ou de cordelette rêche faite de sisal. En comparaison, les poteaux recouverts de tapis, qu'on trouve souvent dans les animaleries, sont un très mauvais choix, car les griffes du chat ont tendance à rester prises dans les fibres. En fait, la résistance du matériau doit permettre au chat de se débarrasser des pellicules qui enveloppent ses griffes. Vos chats apprécieront davantage la qualité de l'objet que la belle couleur du tapis ou que le jouet à ressort fixé au sommet. Si vos chats continuent de se faire les griffes sur les meubles, c'est que le griffoir ne leur convient pas.

Vous trouverez les poteaux recouverts de sisal dans de nombreuses boutiques spécialisées, mais n'allez pas prendre le premier que vous verrez. Choisissez un griffoir robuste, d'une hauteur suffisante et doté d'une base assez lourde pour en assurer la stabilité. Si le poteau branle, c'est non. Il doit être assez grand pour que le chat puisse s'étirer complètement en s'y appuyant. Un poteau enveloppé de corde fera l'affaire, mais vous aurez probablement à resserrer la corde de temps à autre.

Vous aimez bricoler? Alors, pourquoi ne pas le faire vous-même? Recouvrez-le de sisal, de corde ou de tapis, pourvu que vous posiez ce dernier à l'envers, les fibres vers l'intérieur. L'objet ne sera peut-être pas des plus jolis, mais c'est une excellente façon de recycler vos tapis.

Vous avez installé un griffoir, mais vos chats ne l'utilisent pas? Remplacez ce qui le recouvre par un matériau plus attirant, ou enlevez-le. Certains chats aiment bien se faire les griffes sur du bois. Examinez les objets sur lesquels vos félins se font souvent les griffes et vous saurez quelles sont les textures qu'ils préfèrent.

L'entreprise TopCat fabrique d'excellents griffoirs, robustes, dont les chats raffolent. Le poteau lui-même est rond, grand, et recouvert de sisal. De plus, ils sont traités à l'herbe à chats! L'un de ces griffoirs est aussi recouvert de sisal sur sa base, permettant ainsi aux chats de se faire les griffes à la verticale ou à l'horizontale.

En plus des poteaux, on trouve dans la plupart des animaleries des planches et des tapis à gratter (pensez toujours au sisal), de même que des panneaux de carton ondulé. Les chats aiment beaucoup ces derniers. Il existe aussi des rampes de carton ondulé dont on peut modifier la pente selon les préférences des chats. Optez pour les panneaux ou les rampes les plus larges possible. Je vous recommande le Cosmic Catnip Alpine Scratcher.

ASTUCE FÉLINE : PRÉCAUTION

Ne saisissez pas les pattes avant du chat pour le forcer à s'appuyer sur le griffoir. La contrainte pourrait lui inspirer de l'aversion pour l'objet. Quoi qu'il en soit, forcer un chat à faire ce qu'il ne veut pas faire n'est jamais une bonne idée.

Normalement, le chat se fera tout naturellement les griffes sur un objet qui lui convient, mais si vos animaux ne s'intéressent pas à ce que vous leur offrez, incitez-les à s'en approcher au moyen d'un jouet inter-actif. Après y avoir planté leurs griffes une fois, ils devraient rester «accros». Si l'un d'eux a déjà été puni pour avoir griffé un objet interdit, vous aurez peut-être à déployer un peu plus d'effort pour le convaincre de se faire les griffes en votre présence.

Les emplacements appropriés

Dans un foyer où vivent plusieurs chats, les problèmes territoriaux et hiérarchiques peuvent être causés par un manque de griffoirs. Vu que le félin qui se fait les griffes affirme par ce geste sa présence sur un territoire, il pourrait ne pas avoir envie de partager un poteau à griffer. Ainsi, pour satisfaire les besoins de tous vos chats, mettez à leur disposition des poteaux, des planches et des tapis à griffer un peu partout dans la maison. Le support d'un arbre à chats peut aussi servir de griffoir.

Il s'agit donc de placer ces griffoirs aux endroits mêmes où les chats font déjà leurs griffes, souvent près des aires communes où ils s'alimentent ou se reposent, mais tenez compte des territoires établis par eux. Dans un territoire donné, il est préférable d'espacer les poteaux (ou autres objets) pour que chaque animal puisse s'y faire les griffes tout en maintenant une distance convenable entre lui et les autres. Si vous n'avez pas les moyens d'acheter plusieurs poteaux, ou si vous ne savez pas encore où il faut les mettre, procurez-vous des panneaux de carton ondulé et dispersez-les dans le logis.

Certains chats grattent le cadre de la porte ou les meubles situés près de l'entrée d'une pièce pour marquer les limites de leur territoire. Si c'est le cas chez vous, placez des griffoirs à ces endroits. Mais n'allez pas mettre un poteau au fond de la pièce si le chat se fait habituellement les griffes près de la porte.

Un griffoir bien placé peut aussi vous servir à modifier un comportement de marquage à l'urine, puisque vous incitez l'animal à se défouler, ce qui peut atténuer le stress que lui inspire l'endroit en question.

Pour les chats nerveux qui n'aiment pas les surprises, placez l'objet près de la porte, dans la pièce, afin qu'ils puissent toujours bien voir l'entrée.

Si vos félins passent beaucoup de temps dans une pièce en particulier, placez un ou deux griffoirs au centre de cette pièce, et mettez-en d'autres près des meubles ou des murs. Certains chats préféreront rester loin de la zone centrale, plus passante, mais d'autres s'y plairont. Ainsi, les félins des rangs inférieurs pourront rester sans crainte à l'écart des félins supérieurs qui, eux, occuperont le centre de la pièce.

Il s'obstine à se faire les griffes sur les meubles

Le chat choisira un de vos meubles s'il ne trouve pas mieux pour se faire les griffes. Il recherche avant tout un objet robuste et stable, bien situé, dont la surface est agréable à gratter. Divans et chaises sont des cibles de choix pour le chat qui veut s'étirer : ces meubles sont souvent d'une hauteur adéquate, bien placés du point de vue de l'animal, et leur surface lui permet d'y planter les griffes pour y laisser des traces.

Chez les félins, se faire les griffes est un besoin inné ; inutile de tenter de le modifier. Gronder, frapper, arroser ou chasser le chat n'y changerait rien. Si vous essayez de l'en empêcher, il deviendra de plus en plus craintif chaque fois qu'il vous verra, parce qu'il associera votre présence aux émotions négatives qu'il ressent. Si le chat fuit quand vous le grondez, c'est parce que vos liens se sont détériorés, et non parce que vous l'avez bien éduqué. De plus, il sera porté à gratter davantage, ailleurs, pour évacuer son stress, ou il fera sa toilette plus souvent que nécessaire pour soulager sa frustration, mais il ne sera pas plus heureux.

Pour empêcher un chat de griffer des objets interdits, il y a deux moyens : la dissuasion et l'*incitation*. Ces deux approches combinées sont la seule solution au problème, et cela permettra tout de même à vos chats d'obéir à leur instinct et de satisfaire ce besoin naturel.

ASTUCE FÉLINE : QUOI NE PAS FAIRE

Il ne faut pas punir un chat qui a laissé des marques de griffes sur une surface interdite. Le saisir, le gronder et lui faire voir les dommages qu'il a causés ne le convaincront pas de son erreur. Ne comprenant pas la colère de son maître, il apprendra plutôt à craindre cette personne qui le punit.

La dissuasion et l'incitation

Peut-être avez-vous déjà essayé d'éloigner vos chats des endroits à protéger en utilisant du papier d'aluminium ou un vaporisateur. Hélas, ces moyens sont inefficaces. Le Sticky Paws, que je recommande pour éloigner les chats du comptoir de cuisine, est un ruban transparent aux deux faces adhésives. Conçu pour dissuader les félins de se faire les griffes sur les meubles, ce produit se colle sur les surfaces à protéger, mais il ne laisse aucune trace après qu'on l'a retiré. Optez pour le format le plus large si vous avez à protéger des moustiquaires ou d'autres surfaces relativement grandes, et assurez-vous d'en informer les membres de la famille et les visiteurs pour éviter qu'ils s'y appuient.

Si la surface à protéger est trop grande pour le Sticky Paws, recouvrez-la d'un drap dont vous fixerez le contour avec du ruban adhésif ordinaire ou des épingles de sûreté pour que les chats ne se glissent pas dessous. Par contre, vous pouvez coller des bandes de Sticky Paws sur le drap, où les chats pourraient être tentés de se faufiler.

Maintenant que les moyens de dissuasion sont en place, il s'agit d'inciter le chat à se faire les griffes ailleurs. Placez l'objet choisi (poteau, planche ou tapis) près du lieu de prédilection du chat, afin de détourner son attention. Ainsi, le chat ira vers son meuble préféré, puis il se rendra compte qu'il ne peut plus s'y faire les griffes. C'est alors qu'il remarquera, tout près, ce nouveau griffoir que vous pouvez même frotter d'herbe à chats. Laissez les bandes de Sticky Paws en place sur le meuble jusqu'au moment où le chat aura adopté le griffoir.

Si le chat se fait les griffes sur une surface horizontale, couvrez-la d'un tapis à gratter. Si le chat le déplace pour atteindre la surface protégée, mettez une carpette à crampons (pour empêcher le tapis de glisser), puis replacez le tapis à gratter. De plus, offrez au chat la possibilité de se faire les griffes sur une surface verticale (poteau ou planche à griffer). Il pourrait changer ses habitudes.

Quand remplacer les griffoirs

Les poteaux à griffer de bonne qualité devraient durer longtemps. Quant aux poteaux recouverts de cordelette, vous devrez resserrer celle-ci de temps à autre. Vous doublerez la durée d'utilisation des panneaux de carton ondulé simplement en les retournant. Il est parfois possible de se procurer des panneaux à insérer à la place de ceux qui sont complètement ravagés.

Au moment de remplacer un poteau usé, placez le nouveau juste à côté et attendez que les chats aient commencé à l'utiliser avant de vous débarrasser de l'autre. Quand vous remplacez la cordelette d'un poteau ou que vous retournez un panneau de carton ondulé, frottez un peu d'herbe à chats sur la nouvelle surface pour inciter les chats à s'y faire les griffes malgré l'odeur de « neuf ».

À propos du dégriffage

Le dégriffage d'un animal de compagnie est un sujet controversé. Personnellement, je ne recommande pas cette opération. Malheureusement, des gens mal informés optent souvent pour cette « solution » qu'ils considèrent comme aussi bénigne que la vaccination. Or, dégriffer un chat, c'est l'amputer du bout des orteils ; le priver de son principal moyen de défense s'il va dehors ; et lui infliger un handicap qui pourrait un jour l'empêcher de grimper quelque part pour échapper à un danger. De plus, la convalescence est douloureuse. Dans certains cas, les pattes restent sensibles longtemps après la guérison.

Si vous songez au dégriffage pour protéger vos proches, sachez qu'un chat peut mordre s'il ne peut pas fuir. Afin d'assurer la sécurité des personnes et des chats de la maisonnée, il suffit généralement de bien éduquer les animaux, de surveiller les jeunes enfants et de montrer à tout le monde comment se comporter avec les félins.

Enfin, d'aucuns font dégriffer un nouveau chat pour l'intégrer à un groupe de congénères, pour « égaliser les conditions », mais l'opération n'est absolument pas nécessaire. Il suffit de tailler périodiquement les griffes du nouveau venu pour que son intégration se déroule bien. Normalement, les félins dépourvus de griffes côtoieront sans problème ceux qui ont toujours les leurs.

Chapitre 9

....

L'agressivité

L'agressivité d'un chat, dirigée vers un congénère ou vers un humain, peut inquiéter son propriétaire, d'autant plus que la morsure d'un chat peut être grave. Il faut donc traiter adéquatement ce problème pour éviter les blessures.

Sachez d'abord que, chez les animaux, l'agression offensive ou défensive est la réponse normale aux menaces. Quant aux chats, ils peuvent se battre pour le territoire, pour un partenaire, pour la nourriture, pour défendre leur nid ou leur rang dans un groupe. Dans un environnement où la population animale est dense, comme une maison où vivent plusieurs chats, les territoires sont restreints et certains chats en viennent aux coups. Par contre, chez les chatons, l'agressivité est un mode de communication et non pas un signe de méchanceté. Quoi qu'il en soit, pour résoudre ce problème vous devrez découvrir ce que le chat tente d'exprimer par sa conduite.

Heureusement, dans la plupart des cas les chats préfèrent éviter le conflit. En effet, dans la nature, un chat blessé par un congénère pourrait par la suite être incapable de chasser. C'est pourquoi ces animaux possèdent un si large répertoire d'attitudes et de vocalisations. Souvent, les manifestations d'agressivité sont liées à des rivalités hiérarchiques, mais les chats subordonnés finissent par reculer la plupart du temps, sans combattre inutilement.

Le félin offensif réduit la distance entre lui et son adversaire tout en gardant une attitude menaçante, alors que le félin défensif tente plutôt d'augmenter la distance qui le sépare de son congénère, puisque son seul but est d'éviter le contact.

Il arrive souvent que des chats qui se côtoient presque tous les jours contiennent leur agressivité, car les différents marquages des animaux dominants suffisent à stabiliser la hiérarchie. Il peut y avoir une agression voilée quand un nouveau chat fait son entrée dans la maison, mais les félins ont plutôt recours à des méthodes passives pour tâter le nouveau venu.

Parfois, la maladie d'un chat (hyperthyroïdie, hypertension, épilepsie, etc.) peut le rendre agressif, et un animal souffrant réagit mal aux manipulations. En cas de doute, consultez votre vétérinaire. Selon ses recommandations et suivant la gravité du cas, vous pourriez devoir consulter un spécialiste du comportement et recourir à une médication. Ne tentez jamais de traiter seul un problème d'agressivité, surtout si vous en ignorez la cause. Lorsque le chat atteint sa maturité, entre deux et quatre ans, il peut devenir agressif s'il cherche à s'élever dans la hiérarchie. Un problème de bac à litière lié au territoire peut aussi engendrer des rapports belliqueux entre les chats.

Astuces félines : quelques précautions

- Ne donnez jamais de chiquenaudes sur le nez d'un chat.
- Toute punition est cruelle, contre-productive, et perturbe votre relation affective avec le chat.
- Une punition physique accroît le risque de blessure aux membres de la famille.
- Ne criez pas après le chat. Cela augmenterait sa peur et son stress.
- Ne laissez pas les chats se battre entre eux. De graves blessures pourraient survenir et leur relation pourrait être compromise.
- Ne renforcez pas un comportement négatif en caressant un chat qui vient de se montrer agressif.
- Ne laissez pas un chat agressif seul avec un enfant.

Les agressions entre chats mâles

Chez les félins mâles, la testostérone influence grandement le comportement agressif. Les mâles se battent couramment pour un territoire et la possession des femelles. En les châtrant, on élimine la cause de ce comportement, surtout si l'opération a lieu avant la maturité sexuelle, vers six ou sept mois, ou tout au moins avant un an.

Le début de la maturité sociale peut engendrer de l'agressivité entre des chats qui, jusque-là, vivaient harmonieusement. Si plusieurs chats atteignent leur maturité sociale à peu près en même temps, surveillez les signes d'agression passive. Ce n'est pas parce qu'il n'y a pas de sifflements, de grognements ni de bagarres qu'il n'existe pas de mésentente. Observez le langage corporel des animaux, leurs habitudes territoriales et leur comportement aux abords des bacs à litière.

Un chat étranger peut aussi provoquer ce genre d'agression. Si vos chats vont dehors, par exemple, ils pourraient se battre avec des congénères du voisinage. Par ailleurs, un chat d'intérieur peut, à la vue d'un chat étranger dehors, marquer d'urine son territoire (dans la maison!) ou retourner son agressivité contre les chats ou les gens de la maisonnée.

Mesures à prendre

Pour résoudre le problème des agressions entre mâles à la recherche d'une femelle, faites-les châtrer. Modifiez l'environnement au besoin afin que chacun dispose d'un territoire suffisant. Agrandissez le territoire vertical, ajoutez des bacs à litière et observez les relations entre les chats, surtout si vous avez plus d'un mâle dominant. Lorsque les chats atteignent leur maturité sociale, surveillez les signes avant-coureurs de problèmes. Attachez une clochette au collier du chat qui a un comportement offensif pour savoir où il se trouve. Cela l'empêchera de traquer sa victime et permettra aux autres chats de l'éviter. Séparez les chats agressifs pendant que vous essayez de déterminer la cause de leur comportement. Selon la gravité du problème, il sera peut-être nécessaire de recommencer l'acclimatation des chats. Et sachez que certains chats ne pourront jamais vivre ensemble.

L'agressivité causée par la peur

Le premier réflexe d'un chat face à un danger est de l'éviter. S'il ne peut fuir, il pourrait devenir agressif. D'abord, il adoptera une attitude défensive : il arquera le dos, poils hérissés, puis s'accroupira, les oreilles aplaties contre la tête et tournées vers l'arrière. Ses pupilles seront dilatées, il grondera, sifflera ou crachera. Il pourrait même tourner la partie supérieure de son corps et ses pattes antérieures vers l'ennemi, prêt à bondir et à se battre si nécessaire. Il restera ainsi jusqu'au moment où il pourra s'échapper ou que son adversaire se retirera. Si l'ennemi (personne ou animal) continue d'avancer et qu'il n'y a aucune échappatoire, le chat effrayé roulera sur le dos, ventre en l'air, pour une défense désespérée.

Un chat qui n'a pas été exposé à des stimuli variés quand il était chaton (bruits, manipulations, visiteurs, etc.) a plus souvent ce genre de comportement. La visite redoutée chez le vétérinaire est aussi une cause fréquente d'agressivité. Vous pouvez aider votre chat à surmonter ses peurs en vous assurant que les enfants ou les visiteurs respecteront son espace vital et ne le harcèleront pas. Apprenez aux enfants à interpréter le langage corporel du chat pour qu'ils ne commettent pas de maladresse.

Mesures à prendre

Si le comportement agressif se limite aux visites chez le vétérinaire, utilisez une cage au toit amovible pour que le chat reste dans la partie inférieure durant l'examen, ce qui pourrait atténuer son anxiété. À la maison, avant de mettre le chat dans la cage, vaporisez les coins intérieurs avec du Feliway. Vous pouvez aussi apporter le Feliway à la clinique et vaporiser la table d'examen avant d'y mettre le chat. (Le chapitre 7 contient des renseignements sur le Feliway.)

Fixez vos rendez-vous aux heures creuses pour ne pas devoir attendre trop longtemps. Muselières, cages ou sacs de contention peuvent intensifier la peur du chat. Dans certains cas, le vétérinaire prescrira de l'acépromazine à administrer à l'animal avant la visite à la clinique. Pour calmer le félin pendant l'examen, on peut lui faire inhaler un anesthésiant dont l'effet est de courte durée. Une fois le masque retiré, le chat recouvre rapidement ses esprits.

Pour calmer l'agressivité engendrée par la peur lors d'une hospitalisation ou d'un séjour en pension, mettez un sac en papier dans la cage. Repliez les bords pour que le sac ne s'aplatisse pas. Le chat se calmera plus vite si on lui permet de rester caché. Vous pouvez fixer un feuillet de journal sur la porte de la cage.

Si la peur est la cause de son agressivité à la maison, isolez le chat dans une pièce sombre ou laissez-le seul où qu'il soit. En pareil cas, mieux vaut ne pas avoir de contacts avec lui. Si vous craignez pour sa sécurité, mettez une barrière d'enfant ou de la moustiquaire devant la porte.

Si le problème n'implique que des enfants, ou une personne en particulier, désensibilisez graduellement le félin. Pour ce faire, demandez à
la personne de s'asseoir à un bout de la pièce pendant que vous donnez
des gâteries au chat à l'autre bout. Vous pouvez aussi jouer avec lui. Puis,
peu à peu, la personne pourra s'approcher doucement de l'animal. Si le
problème est suscité par un autre félin, vous pouvez aider les chats à
s'accepter mutuellement en leur faisant partager des moments agréables,
comme manger ensemble. Placez les deux bols de nourriture dans des
coins opposés de la pièce et, si les chats mangent calmement, rapprochez-
les de quelques centimètres à la fois. Si l'un des chats refuse de manger,
c'est sans doute parce que vous allez trop vite et que les bols sont trop
rapprochés. Les gâteries peuvent aussi leur permettre d'associer des émotions agréables à leur présence mutuelle. En somme, il s'agit d'acheter
la paix.

Si l'agressivité d'un chat est causée par un congénère qui le traque
ou l'attaque, il faut refaire les présentations. Si le chat a peur de tous les
autres chats de la maison et que rien ne peut le calmer, vous devrez sans
doute lui aménager un autre endroit permanent.

Si la nouvelle présentation échoue et déclenche une attaque dès que
les chats se voient, séparez-les durant des semaines. Pendant ce temps,
habituez le chat offensif à porter la laisse ou le harnais. Cela vous don-
nera plus de contrôle sur lui, mais évitez ces moyens si le chat ne se sent
pas à l'aise : vous risquez d'empirer la situation et même de vous faire
blesser. Si vos chats se menacent du regard ou s'ils se bagarrent violem-
ment, faites du bruit pour les interrompre et permettez à la victime de
s'échapper. N'essayez *jamais* de vous interposer physiquement entre les
animaux. Vous pourriez encourir de graves blessures.

Enfin, songez à modifier leur environnement pour leur procurer de
nouvelles issues en cas d'agression.

L'agressivité territoriale

Cette forme d'agressivité apparaît à la maturité sociale du chat. Elle peut être dirigée vers des animaux ou des personnes ; parfois vers certains chats seulement.

L'agressivité territoriale se manifeste souvent quand un nouveau venu fait son entrée dans une demeure où vivent d'autres chats. Elle peut aussi concerner deux compagnons qui s'entendent bien depuis longtemps, mais dont l'un d'eux revient de la clinique vétérinaire. En effet, les odeurs étrangères et suspectes dont est imprégné le chat examiné peuvent le faire passer pour un intrus.

L'agressivité territoriale est souvent subtile. Par exemple, le chat dominant peut bloquer l'accès à la litière ou à la nourriture, alors qu'il semble se reposer devant la porte. Souvent, ce problème est révélé par des mictions déplacées ou des marquages à l'urine.

Mesures à prendre

Le meilleur moyen de prévenir l'agressivité territoriale consiste à bien faire la présentation d'un nouveau venu aux chats de la maison, ou à refaire leur acclimatation. Assurez-vous qu'il y a assez de bacs à litière et des postes d'alimentation dans tous les territoires des chats. Utilisez l'espace vertical pour créer des niveaux différents, ce qui permettra aux chats de maintenir un ordre hiérarchique pacifique.

Si le problème découle d'une visite chez le vétérinaire, enfermez le chat dans une pièce dès son retour pour lui permettre de faire sa toilette et de retrouver son odeur habituelle. Cela lui permettra aussi de se calmer et de revenir à son comportement normal. Vous pouvez aussi frotter d'abord les chats qui sont restés à la maison avec une serviette de bain, et celui qui vient de rentrer. Ne faites pas l'inverse, car les chats de la maison seraient imprégnés des odeurs de la clinique, ce qui les perturberait. Si l'agressivité territoriale se répète au retour des visites chez le vétérinaire, frottez le chat avec une serviette de bain avant de partir pour la clinique, et utilisez la même serviette pour le frotter au retour à la maison.

Parfois, certains chats sont incapables de coexister paisiblement, quoi que vous fassiez. En pareil cas, vous devrez réaménager les lieux pour que les animaux puissent rester séparés, ou vous devrez envisager de trouver un autre foyer au chat qui serait plus heureux seul.

L'agressivité durant le jeu

L'agressivité durant le jeu est généralement dirigée vers des personnes. Les chats adultes qui ont été éloignés trop tôt de leur mère et de leurs frères et sœurs, ou les orphelins élevés par des humains, ne savent pas toujours comment refréner leur fougue. De plus, comme ils n'ont pas appris à rentrer leurs griffes durant le jeu, ils peuvent vous faire mal.

Il se peut aussi que vous soyez responsable de ce comportement si, quand le chat était petit, vous jouiez mal avec lui. Par exemple, même s'il est tentant de remuer les doigts pour exciter le chaton, ce jeu peut avoir des conséquences fâcheuses sur son apprentissage. S'il apprend que mordre la main de son maître est acceptable, il pourrait mordre aussi celle de votre enfant ou de votre grand-mère. On ne devrait jamais amuser un chat avec ses mains. On doit aussi éviter toute forme de jeu ressemblant à de la lutte, car on risque de provoquer des réactions défensives exagérées.

Mesures à prendre

Soyez vigilant pour déceler le moment où le chat passe du jeu à l'agressivité. Rabat-il les oreilles ? Grogne-t-il ? Et observez bien les autres chats, car, si un individu a tendance à vous malmener quand il joue, il pourrait faire la même chose avec ses congénères, ce qui expliquerait la réticence de ces derniers à participer aux jeux en groupe.

Les petits jouets n'éloignant pas assez vos mains des dents du chat, utilisez des jouets interactifs en forme de canne à pêche pour lui montrer ce qu'il peut mordre. À la fin de la séance, si le félin a joué convenablement, récompensez-le avec une gâterie pour le motiver à refaire de même la prochaine fois. Planifiez deux ou trois séances de jeu par jour pour que le chat n'accumule pas d'énergie refoulée, car un chat surexcité pourrait se montrer désagréable avec ses compagnons, mais évitez la lutte, la rudesse et les provocations.

Si le chat s'acharne sur votre main ou s'il vous saute à la cheville quand vous entrez dans une pièce, vous devrez peut-être appliquer la thérapie d'aversion. Munissez-vous d'un pistolet à eau ou d'une canette d'air comprimé (pour nettoyer les appareils photo) et stoppez l'attaque par un léger jet d'eau ou d'air. Ne visez pas la face du chat, mais plutôt le flanc ou l'arrière-train, et ne lui laissez pas voir que le jet vient de vous. Le but n'est pas de le terrifier, mais de le surprendre pour l'amener à changer de comportement. Cela dit, n'ayez pas recours trop souvent à ces méthodes, sinon le chat pourrait vous craindre. Enfin, il ne faut jamais punir un animal en le frappant ou en criant.

Dans un logis où vivent plusieurs chats, il peut être judicieux d'accueillir un chat de tempérament complémentaire. Par exemple, si votre chat a tendance à s'imposer, trouvez-lui un compagnon qui n'est pas trop dominant. Par contre, si votre chat est timide, vous ne voudrez pas lui trouver un congénère intimidant. Si votre chat aime grimper sur vos genoux pour se faire caresser, essayez de lui dénicher un camarade plus indépendant, qui ne semble pas manquer d'affection.

L'agressivité redirigée

L'agressivité redirigée se manifeste quand un chat, éloigné de la source principale de son agitation, tourne son agressivité vers le chat, le chien ou la personne la plus proche de lui. Par exemple, un chat voit par la fenêtre un congénère inconnu et s'agite. Soudain, un autre chat de la maison grimpe sur le bord de la fenêtre et tout de suite il devient la cible de sa frustration. Une telle attaque surprise peut perturber les relations entre ces deux chats, surtout s'ils s'entendaient bien. Ce type de réaction peut aussi avoir lieu dans d'autres conditions, par exemple si vous portez l'odeur d'un autre chat sur vos vêtements, si un bruit violent éclate, si le chat se trouve tout à coup dans un environnement étranger, ou si l'on intervient physiquement dans une bagarre de chats. L'agressivité redirigée ne dure généralement pas longtemps, mais peut être envenimée si le félin attaqué persiste dans sa position défensive. Tout d'un coup, les chats ne se reconnaissent plus comme amis à cause de cette hostilité. Si le maître n'est pas au courant de la cause de l'agressivité, il peut conclure, à tort, à une agression gratuite plutôt qu'à une agression redirigée. Après avoir vu un chat dehors, le chat d'intérieur peut rester énervé pendant des heures. En rentrant du travail, vous pourriez avoir du mal à interpréter l'hostilité de votre chat, surtout si son congénère, qu'il a aperçu par la fenêtre, est disparu depuis longtemps.

Mesures à prendre

Séparez les chats immédiatement, même si vous ne faites que soupçonner une agression redirigée. Pour ce faire, essayez de faire passer l'agresseur dans une autre pièce sans le toucher et laissez-le seul jusqu'au moment où il se sera apaisé. Éteignez les lumières, la télé ou la radio et utilisez du Feliway pour restaurer la tranquillité, mais ne forcez pas les choses. Soyez patient. Une fois le calme revenu, vous pourrez remettre les félins en présence l'un de l'autre dans des circonstances favorables, en leur offrant des gâteries, par exemple.

Si vous découvrez la cause de l'agressivité, modifiez les conditions environnantes. Par exemple, si un chat vu par la fenêtre est responsable du problème, masquez la partie inférieure de la vitre. Ainsi, les chats pourront toujours profiter de la lumière et observer les oiseaux dans les arbres. Le chat rôdeur s'en ira peut-être ailleurs s'il ne peut plus voir les vôtres à la fenêtre. Découragez le rôdeur en faisant du bruit chaque fois que vous l'apercevez. Vous pouvez aussi mettre un pistolet à eau de grande portée près de la porte. Par ailleurs, si le chat rôdeur appartient à un voisin, il est peut-être possible d'expliquer la situation à ce dernier pour le convaincre de garder l'animal à l'intérieur. Toutefois, cela demande souvent beaucoup de diplomatie. Si l'animal est un chat égaré ou errant, vous pouvez essayer de l'attraper vous-même, ou appelez la fourrière municipale. Peut-être y a-t-il un organisme de secours pour les animaux dans votre région.

Si vous avez des mangeoires à oiseaux qui attirent les intrus dans votre cour, vous devrez peut-être les retirer. Ou placez-les loin de vos fenêtres, hors du champ de vision de vos chats.

L'agressivité causée par la douleur

Les jeux sociaux durant le jeune âge sont importants, car ils permettent au chat d'apprendre à mesurer la force maximale qu'il peut appliquer en mordant les autres sans leur faire mal. La réaction du chaton mordu devient une bonne leçon pour le chaton qui a du mordant. Cette précieuse expérience fait défaut au chat qui a grandi sans compagnons de portée. C'est pourquoi il peut mordre trop fort en jouant avec un autre félin qui, lui, pourrait répliquer.

L'agressivité provoquée par la douleur est en fait une réaction défensive. Elle peut se manifester quand le chat se fait tirer la queue, par exemple, ou quand un enfant empoigne une touffe de poils. Le même type de réaction peut se produire au toucher d'une zone sensible associée à une blessure ou à une maladie, par exemple l'arthrite.

Parfois, l'agressivité suscitée par la douleur se transforme en agressivité causée par la peur. Par exemple, le chat atteint d'une infection aux oreilles pourrait d'abord se montrer agressif à cause de la douleur, puis, une fois guéri, manifester des réactions belliqueuses par simple peur qu'on lui touche l'oreille.

Par ailleurs, la souffrance engendrée par un mauvais traitement, intentionnel ou non, comme le fait souvent l'enfant par manque d'expérience, peut aussi déclencher l'agressivité chez l'animal.

Mesures à prendre

La première chose à faire, c'est d'atténuer la douleur le plus possible. Quant aux douleurs chroniques, il faudra montrer à tous les membres de la famille comment manipuler le chat sans le faire souffrir davantage. Ici, un petit avertissement : il ne faut jamais réconforter ou gâter le chat souffrant qui se montre agressif, même si ses réactions sont dues à la douleur, sinon le chat sera « récompensé » pour avoir manifesté un comportement indésirable.

Si l'agressivité du chat, initialement causée par la douleur, se transforme en agressivité liée à la peur, vous aurez peut-être à modifier son comportement.

L'agressivité suscitée par les caresses

Assis sur le divan, vous regardez votre émission de télé préférée. L'un de vos chats est couché sur vos genoux et vous le caressez affectueusement. Soudain, à la vitesse de l'éclair, le chat vous mord la main si vigoureusement qu'il en reste des marques. Ensuite, il saute de vos genoux, s'assied à quelques pas et commence à faire sa toilette, tandis que vous regardez votre main blessée sans rien comprendre. En fait, cette réaction du chat est une forme d'agressivité provoquée par les caresses. L'animal n'est pas devenu fou, il vous a seulement lancé un avertissement. Pourquoi ? Parce que certains chats aiment à être caressés, certes, mais jusqu'à un certain point seulement, au-delà duquel une stimulation nerveuse trop intense peut les rendre agressifs. Par exemple, quand le chat s'endort et qu'il perçoit un contact physique, il peut mordre ou griffer par instinct de survie. L'agression provoquée par les caresses peut aussi être liée à la dominance (voir plus loin : *L'agressivité associée à la position hiérarchique*). Par ailleurs, certains chats n'aiment pas qu'on leur caresse le dos, les flancs, ou la région tout autour de la queue.

Même si le félin agressif semble avoir agi de façon imprévisible, il vous aura prévenu par des signaux corporels ou des vocalisations. Parmi les signes avant-coureurs d'une agression de ce type, notons les frissons parcourant la peau du félin, les fouettements et les battements de la queue, les changements de position du corps, la tension dans l'attitude, les oreilles rabattues, les grondements sourds ou l'interruption soudaine du ronronnement. De plus, les vibrisses de la moustache en éventail et pointées vers l'avant peuvent annoncer l'attaque. À ses yeux, le félin vous donne tous les indices possibles pour vous faire comprendre que les caresses ne lui sont plus agréables. Si le message n'est pas reçu, il n'a plus d'autre choix que de mordre.

Mesures à prendre

Si vous savez que votre chat ne supporte pas plus de deux ou trois minutes de caresses, ne le caressez pas plus d'une minute. Ainsi, il ne devrait plus vous agresser. Si vous ne connaissez pas encore son seuil de tolérance, prêtez attention aux signaux mentionnés plus haut et ne lui faites que des caresses qu'il aime. Cessez avant qu'il en ait assez, puis contentez-vous de le laisser sur vos genoux. Vous pourrez augmenter graduellement le temps des caresses, mais il est primordial de toujours respecter les limites de l'animal.

L'agressivité associée à la position hiérarchique

Un chat dominant peut agir envers vous comme il le fait face aux autres chats de la maison, c'est-à-dire qu'il pourrait vous mordre et vous griffer pour confirmer sa position hiérarchique, que ce soit quand vous le faites descendre de la table ou d'une chaise, quand vous tentez de le caresser, ou simplement quand vous passez près de lui. Il pourrait aussi manifester ce comportement uniquement en présence de certains membres de la famille ou de certains visiteurs.

Voici d'autres exemples d'agressivité associée à la position sociale: bloquer le passage au maître, le fixer des yeux ou le défier du regard après avoir frotté sa tête contre lui; mordre légèrement; n'accepter l'affection que s'il l'a réclamée.

Mesures à prendre

Soyez attentif au langage corporel du chat : oreilles aplaties, regard fixe, grognement, corps rigide. Corrigez l'animal au moindre comportement répréhensible, par exemple s'il s'apprête à bondir sur vous. Pour ce faire, un pistolet à eau peut être utile, à condition de l'utiliser dès que l'animal agit mal. S'il tente de vous bloquer le passage, passez quand même : il apprendra ainsi que son comportement est inacceptable. S'il est sur vos genoux et se met à grogner en vous regardant fixement, ou s'il fait mine de vous mordre, levez-vous immédiatement et faites-le descendre sans le toucher des mains. Ne le frappez pas, ne le punissez pas, mais ne vous occupez plus de lui tant qu'il n'aura pas repris son comportement normal.

Le cliquet est un autre outil utile pour éduquer les chats qui manifestent des comportements de dominance inacceptables. On en trouve dans les magasins spécialisés. Faites cliqueter l'objet dès que l'animal agit comme vous le voulez, et donnez-lui immédiatement une petite gâterie. Le cliquet permet au chat d'associer le son à la gâterie alimentaire, donc d'établir un rapport direct entre une action correcte et une récompense. Cela dit, les chats montrant de l'agressivité associée à leur position hiérarchique ne deviendront jamais totalement soumis.

Soit dit en passant, nourrissez un chat effronté selon un horaire quotidien et non pas selon ses désirs. Ainsi, il apprendra que la nourriture vient de vous et qu'il doit la mériter.

L'agressivité prédatrice

Parfois, le chat peut diriger son instinct prédateur contre une personne, ou plutôt contre des parties du corps, souvent les pieds ou les mains. L'animal agit comme s'il chassait : approche silencieuse, tête baissée, bond rapide sur la proie. Le problème, ici, c'est que le félin s'attaque à vous ou à l'un de vos proches.

INFO FÉLINE : LA FAIM NE JUSTIFIE PAS TOUJOURS LES MOYENS

Souvent, le chat traquera et capturera une proie même s'il vient de manger et qu'il n'a plus faim. N'allez donc pas croire que les oiseaux du jardin ne risquent rien simplement parce que vous venez d'offrir un festin à vos chats.

Mesures à prendre

Le félin doit satisfaire son besoin de chasser. Les séances de jeu quotidiennes lui apprendront à distinguer les bonnes cibles des mauvaises. Si vous voulez, vous pouvez attacher une clochette à son collier pour savoir où il se trouve en dehors des séances d'entraînement.

L'agressivité maternelle

La chatte qui a eu des petits défendra son nid contre les inconnus et les animaux menaçants, d'abord par des postures et des grondements. Si l'on ne tient pas compte de ces avertissements, elle attaquera. Elle pourrait aussi se montrer agressive envers les chats mâles de la maison, puisque, à l'état sauvage, ceux-ci s'en prennent souvent aux chatons. Au fur et à mesure que grandissent les petits, l'agressivité de la femelle diminue.

Mesures à prendre

Afin de protéger le nid des autres chats, il est souvent nécessaire d'aménager dans une pièce fermée une pouponnière constituée d'une boîte en carton, tapissée de papier brun (plus propre que le papier journal), qui contiendra de l'eau, de la nourriture, un bac à litière et un griffoir pour la mère. Placez la boîte dans une armoire, derrière un meuble, ou simplement là où la mère veut faire son nid. Découpez une ouverture en U d'un côté de la boîte pour permettre à la mère d'y entrer et d'en sortir facilement. Si vous pensez que l'un ou l'autre de vos chats mâles pourrait menacer les chatons, ne leur permettez jamais d'entrer dans cette pièce.

Pour réduire le risque d'agression maternelle, ne touchez pas aux chatons durant les premiers jours, et manipulez-les le moins souvent possible par la suite. Au bout de deux semaines, vous pourrez commencer avec eux des séances quotidiennes de socialisation. Avant cela, toute manipulation des chatons doit être réservée aux membres de la famille avec lesquels la chatte a de profonds liens affectifs.

L'agressivité idiopathique

Il s'agit d'une agressivité sans cause apparente, mais avant d'en arriver là il faut écarter toutes les autres possibilités au diagnostic difficile (par exemple l'agressivité redirigée) et les problèmes de santé, comme l'hyperesthésie.

Le syndrome de l'hyperesthésie, ou hypersensibilité de la peau, est caractérisé notamment par une sensibilité extrême du dos et de la queue, qui pousse le chat à se lécher avec véhémence, souvent à se mordre ou à se mutiler. Agressions gratuites et convulsions en sont d'autres symptômes. Le chat peut sembler tout à fait bien, mais soudain il devient très agressif au simple toucher ou il est pris de spasmes.

Cela dit, l'agressivité idiopathique est rare et le diagnostic, difficile à établir. Et puis le traitement est compliqué.

Mesures à prendre

Seul le vétérinaire peut effectuer les tests appropriés conduisant à un diagnostic sûr. Le cas échéant, il pourrait proposer le recours à un spécialiste du comportement.

L'agressivité renforcée par inadvertance

L'agressivité renforcée se développe quand le maître, ou une personne de son entourage, récompense malgré lui un comportement agressif du chat, par exemple quand on veut réconforter un animal qui est de mauvaise humeur. Le chat comprend alors, à tort, que son comportement est acceptable. À l'avenir, il réagira donc de la même façon dans les mêmes circonstances. Il ne convient toutefois pas de punir bêtement le chat agressif, puisque les frustrations et les provocations aggraveraient la situation. Mieux vaut apprendre le langage corporel des félins et appliquer les techniques de modification du comportement décrites dans cet ouvrage.

La connaissance du langage corporel du chat vous permettra de décoder les signes avant-coureurs de son agressivité. Ainsi, vous pourrez intervenir au bon moment pour le calmer. Quelle que soit la technique de renforcement positif choisie, il faut l'appliquer avant que le comportement négatif se manifeste. Rappelez-vous que, par le renforcement positif, vous signifiez au chat que vous aimez ce qu'il fait.

La réintégration

La réintégration consiste à tout recommencer à zéro, comme si les chats ne s'étaient jamais rencontrés. Cette méthode est indiquée quand, par exemple, un chat n'a jamais été présenté convenablement à ses congénères et que le climat social est tendu depuis lors. Cependant, le procédé est généralement plus rapide lors d'une réintégration, sauf en cas d'inimitié profonde entre félins.

Il arrive fréquemment, dans certaines circonstances, que des chats qui s'entendaient à merveille deviennent tout à coup des ennemis, par exemple quand un chat atteint la maturité sociale et se met à tester les limites de ses congénères pour s'élever dans la hiérarchie.

Quand un conflit permanent sévit entre les chats, il faut intervenir le plus rapidement possible, sous peine de voir la situation dégénérer. La réintégration permet d'adoucir le climat social en imposant une trêve aux félins agressifs et en donnant à chacun un repos bien mérité. Quand le calme sera revenu, vous pourrez remettre ensemble les chats qui auront alors toutes les chances de se redécouvrir sous un jour plus favorable, comme avant la tempête.

La différence majeure entre l'intégration initiale et la réintégration réside dans le choix de la pièce réservée au chat en situation d'infériorité. En effet, quand un félin en intimide un autre, il est préférable d'isoler l'agresseur, qui comprendra ainsi que son attitude ne lui apportera jamais rien de bon. Quant à la victime, elle sera bien contente d'avoir accès à toute la maison, sans craindre son congénère. De ce fait, le chat agressé reprendra confiance en lui-même.

Malheureusement, il arrive que l'agresseur, isolé dans une pièce, s'agite trop pour qu'on le laisse ainsi ; ou que la victime reste craintive et se réfugie dans une autre pièce. En pareil cas, vous devrez modifier les conditions de la séparation selon les besoins de chacun.

Avant de commencer la réintégration, vous devrez aider le chat agressé à retrouver confiance en lui, et inciter l'autre chat à mieux canaliser son agressivité. Pour ce faire, rien de mieux que les séances de jeu interactif qui permettront à la victime de se sentir assez bien pour oser extérioriser ses instincts de prédateur. Si les agressions avaient toujours lieu à certains endroits, tenez-y les séances de jeu pour neutraliser chez la victime sa perception négative de ces lieux. N'hésitez pas à offrir des gâteries à l'animal ou à utiliser le Feliway. Si la victime se sent mieux dans une pièce refuge, jouez là d'abord, puis, après un certain temps, vous devriez pouvoir ouvrir la porte et attirer l'animal hors de cette pièce à l'aide d'un jouet. Assurez-vous d'abord que l'autre chat reste isolé ailleurs, puis laissez la victime élargir sa zone de confort à son rythme.

Quant à l'agresseur, son isolement ne doit pas être un châtiment. Veillez à ce que la pièce qui lui est réservée soit attrayante et douillette. Appliquez du Feliway dans son environnement. Pendant quelques jours, faites avec lui des séances de jeu quotidiennes dans cette pièce afin de canaliser son agressivité vers des cibles appropriées, pour qu'il apprenne à mordre… les jouets.

Quand les deux chats auront retrouvé leur calme et sembleront prêts à retourner à la vie normale, commencez leur réintégration en suivant les étapes décrites au chapitre 4. Assurez-vous d'avoir réaménagé l'environnement de manière à éviter les situations conflictuelles. Par exemple, si auparavant les chats fréquentaient la même aire d'alimentation communautaire, offrez-leur maintenant plusieurs bols de nourriture pour qu'ils puissent manger séparément. Pensez aussi à l'accessibilité des bacs à litière, des perchoirs et des aires de repos pour chacun d'eux, et soyez attentif aux situations où apparaît de la tension entre les chats, afin de pouvoir intervenir à temps et faire les modifications nécessaires.

Enfin, n'hésitez pas à recourir aux techniques de diversion décrites au chapitre 5 pour désamorcer les conflits.

Que faire en cas de morsure

Les trois règles les plus importantes pour ne pas être victime d'une morsure de chat sont : 1) porter attention au langage corporel du chat ; 2) ne pas utiliser ses mains comme jouets ; 3) ne pas punir physiquement l'animal.

Malgré cela, vous vous ferez sans doute mordre un jour. Si cela se produit, n'essayez pas de tirer la main de la gueule du félin : vous ne feriez que stimuler son instinct de chasseur et il vous mordrait encore plus fort, comme il le ferait avec une proie. Pour dégager la main, poussez-la plutôt doucement plus avant dans la gueule de l'animal. Surpris, car une proie ne s'approche jamais volontairement de son prédateur, le chat desserrera momentanément les mâchoires. Profitez-en pour retirer vite la main.

Si le chat vous mord, n'hésitez pas à parler fort. Exprimez votre mécontentement par un « aïe » bien sonore (ou un mot plus coloré). Cela fera hésiter le félin.

Si, au cours d'une séance de jeu, le chat vous mord par excès d'enthousiasme ou par maladresse, ne lui en tenez pas rigueur. Poursuivez le jeu et encouragez l'animal quand il se comporte convenablement. Si le chat vous mord par agressivité, essayez de déterminer la cause de ce comportement. Si vous avez affaire à un chat enclin à mordre, ayez un pistolet à eau ou une canette d'air comprimé à portée de main pendant toute la période de dressage. Agissez adéquatement chaque fois que le félin montre des signes de comportements agressifs. Il s'agit en fait d'interrompre le comportement qui s'annonce en surprenant le chat, et non pas de le punir. Pour ce faire, un faible jet devrait suffire.

Enfin, n'oubliez pas de récompenser votre chat dès lors qu'il montre une bonne conduite. Ce ne serait pas sage de limiter son éducation à ce qu'il ne doit pas faire.

ASTUCES FÉLINES : QUELQUES CONSEILS POUR LE TRAITEMENT D'UN COMPORTEMENT AGRESSIF

• Observez attentivement le langage corporel du félin pour percevoir les signes avant-coureurs de l'agression.

• Essayez de déterminer les causes qui sont à la source du comportement agressif. Faites examiner le chat par un vétérinaire afin d'écarter toute cause d'ordre médical. Si besoin est, consultez un spécialiste du comportement. La médication doit être combinée à une thérapie comportementale pour être vraiment efficace.

• Évitez les situations qui déclenchent un comportement agressif.

• Que vous appliquiez l'une ou l'autre des méthodes d'intervention (diversion ou aversion), avec un pistolet à eau ou une canette d'air comprimé, limitez la force et la durée du jet.

• Détournez l'attention du chat par un moyen approprié et incitez-le à se détendre au cours d'une séance de jeu interactif.

- Utilisez le renforcement positif pour montrer au félin les comportements que vous attendez de lui.
- Séparez les chats, si nécessaire. Réservez un territoire suffisant et une zone sécuritaire à chaque animal isolé. Dans le cas d'agressivité redirigée, veillez à ce que les chats ne puissent ni s'atteindre ni se voir. Avant la réintégration, modifiez l'environnement. Ajoutez des bacs à litière, s'il y a lieu.
- Soyez réaliste dans vos attentes. Un chat agressif pour des raisons hiérarchiques ou territoriales pourrait ne jamais devenir sage.

Ayez toujours sur vous quelques gâteries pour le chat qui se comporte correctement. Si les gâteries ne l'intéressent pas, récompensez-le comme il le préfère, au moyen de louanges, d'une voix douce, ou de caresses.

La médication

La médication peut être efficace pour traiter l'agressivité féline. Cependant, si elle n'est pas jumelée à une thérapie comportementale, l'agressivité réapparaîtra probablement dès la fin du traitement.

Comme le type et le dosage des médicaments varient selon les cas, il est important d'établir le bon diagnostic. Si vous décidez de vous engager sur cette voie, vous devrez travailler en étroite collaboration avec le vétérinaire et le spécialiste du comportement. Vous trouverez de plus amples renseignements au chapitre 12.

Chapitre 10

....

Le stress

Peut-être pensez-vous qu'un chat n'a vraiment pas de quoi être stressé. Après tout, il n'a pas à gagner sa croûte, n'a pas de problèmes financiers et n'a pas, non plus, à envoyer ses enfants à l'université. Et pourtant, les chats font face à de nombreuses situations stressantes. Rappelez-vous que le chat est une créature territoriale et routinière. De ce fait, l'incursion d'un étranger dans la maison peut être une source d'inquiétude. Par ailleurs, un déménagement, des rénovations, ou simplement une visite chez le vétérinaire sont angoissants pour ces animaux. De plus, l'équilibre hiérarchique est précaire dans un environnement que se partagent plusieurs chats, et les rivalités ou les conflits leur causent beaucoup de stress.

PRINCIPALES CAUSES DE STRESS

- L'arrivée d'un nouveau chat, adulte ou chaton.
- La perte d'un chat ou d'un membre de la famille.
- Des perturbations dans le déroulement des activités quotidiennes du propriétaire.
- L'apparition d'un chat étranger dans les parages.
- Un changement soudain dans l'alimentation ou la litière.
- Un bac à litière malpropre ou installé au mauvais endroit.
- Un déménagement ou une rénovation des lieux.
- De nouveaux meubles ou un réarrangement des meubles existants.
- Surpopulation.
- Maladie.
- Hospitalisation ou mise en pension.
- Mauvais traitements.
- Solitude ou privation de contacts humains.
- Punitions.
- Ennui.
- Tension entre les humains du logis.
- Présence d'un membre de la famille qui n'aime pas les chats.
- Désastres naturels, conditions météorologiques extrêmes, incendie, etc.

Souvent, nous sommes malgré nous la cause du stress de nos chats. Nous changeons soudainement de litière ou de nourriture ; nous négligeons l'entretien du bac ; nos activités quotidiennes sont chaotiques ; nous arrivons un jour avec un nouveau chat et nous croyons qu'ils deviendront copains immédiatement. Nous ne savons pas déceler les signes de maladie, nous recourons aux punitions et interprétons mal ce que les chats veulent nous dire. Nous déménageons, nous nous marions, nous avons des enfants, nous divorçons, nous nous remarions, nous adoptons un chien… Quelle vie stressante pour un chat !

Les symptômes du stress varient beaucoup, et votre meilleur outil de diagnostic est votre capacité d'observation. Un changement de comportement d'un chat devrait vous alarmer. Surveillez son appétit et ses habitudes au bac à litière, et tentez d'identifier la cause du changement.

Les symptômes du stress sont nombreux. Parmi les plus courants, notons une élimination inhabituelle et le marquage par l'urine. Un chat stressé peut aussi se toiletter exagérément ou au contraire cesser de le faire. On observe aussi les autres symptômes suivants chez l'animal :

- Il se cache, s'écarte de la famille et de ses congénères.
- Il devient plus exigeant et recherche constamment l'attention.
- Il griffe avec plus de force son griffoir ou d'autres objets.
- Il émet des sons excessifs.
- L'appétit diminue, le goût de jouer aussi.
- Il se montre agressif envers une personne ou un autre chat.
- Il évite certains lieux.
- Il ne reste pas en place.
- Il a la diarrhée.
- Il est constipé (peut-être à cause d'un excès de poil provenant d'un toilettage exagéré).
- Il élimine à l'extérieur du bac à litière.

Puisque ces symptômes peuvent être associés à des problèmes de santé, il faut d'abord montrer l'animal au vétérinaire. Un stress prolongé peut réduire sa résistance à la maladie ou causer une rechute chez un chat sujet aux infections urinaires, par exemple.

La gestion du stress

Dans un logis à plusieurs chats, la surpopulation peut être problématique. Si vous trouvez un chat errant, vous devez bien sûr lui procurer un foyer, mais ne l'adoptez pas si l'espace est insuffisant chez vous.

Souvent, les propriétaires ne tiennent pas compte de l'importance de bien choisir un chat. Huit chats peuvent vivre en harmonie dans un foyer, tandis qu'ailleurs quatre chats seront sans cesse en conflit, parce qu'ils sont tous des « dominants ».

Lorsque vous décidez d'adopter un nouveau chat, prenez le temps nécessaire pour que l'approche se fasse en douceur, sinon la situation engendrera de l'angoisse chez les animaux. Ensuite, chaque chat doit disposer d'un territoire suffisant. Ne lésinez pas sur les bacs à litière, les postes d'alimentation et les aires de repos. Utilisez au maximum l'espace vertical et créez des lieux où ils pourront se dissimuler s'ils en ont envie.

Comme les chats sont routiniers, la plus petite modification de leurs activités saute aux yeux. Cela dit, réglez sans tarder les problèmes liés au stress, sinon le chat pourrait en rester traumatisé.

Vous avez sûrement remarqué que le stress est omniprésent dans les questions que nous abordons dans ce livre. Pourquoi ? Parce que le stress est le plus grand ennemi du chat. C'est pourquoi la réduction du stress devrait figurer parmi les éléments importants de tout programme de modification du comportement.

Il est aussi très stressant pour le chat de capter des messages contradictoires de la part des différents membres de la famille par rapport à son comportement. Pour éviter ce problème, il faut que tous les membres de la famille partagent les mêmes techniques d'entraînement et les mêmes comportements avec le chat. Si vous devez aider le chat à surmonter un traumatisme, par exemple la perte d'un être cher, sachez que la disparition de la cause n'entraîne pas automatiquement la disparition des effets. Par conséquent, surveillez les signes qui pourraient indiquer que le chat ne s'en remet pas. Dans un milieu où vivent plusieurs chats, il est plus difficile de remarquer celui qui ne se comporte pas normalement. Soyez donc extrêmement attentif au comportement de chaque individu.

Le toilettage exagéré

Les chats réagissent au stress de plusieurs façons, mais un symptôme courant est le toilettage exagéré. Ce comportement permet au chat stressé de surmonter son anxiété et de se calmer, ou est un exutoire à sa frustration.

On remarque souvent ce comportement chez le chat qui calcule mal un saut et chute, ou chez celui qui tombe de haut en dormant. Tout en se toilettant, l'animal jettera des regards autour de lui pour reprendre ses esprits. Un chat peut aussi se toiletter exagérément s'il veut, par exemple, grimper sur un comptoir et qu'il se fait réprimander ou remettre au sol à répétition.

Quelquefois, un chat pousse le toilettage à l'extrême. Il peut lécher une région particulière ou s'acharner sur toutes les parties du corps qu'il peut atteindre, au point de dégarnir son pelage. La peau semble normale, mais les poils ne sont que chaume. Ce comportement anormal porte le nom de dermatite de léchage.

Avant de conclure que ce comportement est de nature psychologique, le vétérinaire écarte les autres possibilités, par exemple les parasites, les allergies, l'hyperthyroïdie ou l'hyperesthésie. Une cause fréquente de l'apparition de zones dégarnies est la dermatite par allergie aux piqûres de puces. Dans ce cas, on observe une peau rouge et bosselée.

Pour guérir une dermatite de léchage, on a habituellement recours à la médication. Si la cause du stress est connue, elle doit être éliminée. Sinon, une modification du comportement doit être entreprise pour élever chez le chat sa tolérance au stress. Si vous n'y parvenez pas, vous devrez sans doute consulter un spécialiste du comportement animal.

Dans le cas du léchage intensif, le comportement de l'animal peut persister même après l'élimination du stimulus, parce que cette habitude s'est enracinée. C'est alors qu'un traitement comportemental est nécessaire.

La formation de trichobézoards (boules de poils) est une conséquence d'un léchage excessif. Examinez le bac à litière, à la recherche de poils dans les selles. De plus, notez les fois où votre chat régurgite une boule de poils. Si un chat avalait trop de poils, les intestins pourraient s'obstruer, et seule la chirurgie pourrait régler le problème. Au moment d'entreprendre un programme de traitement du comportement, le chat pourrait avoir besoin d'absorber régulièrement un produit qui prévient la formation de boules de poils.

Mesures à prendre

Dans le cas d'un léchage exagéré, vous devez d'abord en déterminer la cause. Faites examiner votre chat par un vétérinaire afin d'écarter les diverses possibilités de maladie. Si le problème est de nature comportementale, faites appel à vos talents de détective pour découvrir ce qui pourrait bien en être la cause.

Servez-vous du jeu interactif pour aider le chat à raviver sa confiance et à détourner une partie de cette anxiété causée par un déplacement. Vous pouvez aussi avoir recours à la technique de diversion décrite au chapitre 5 pour le libérer de son obsession et briser le cercle vicieux. Si le chat s'assoit ou s'étend d'une certaine manière avant de se lécher, c'est le moment d'avoir recours à la diversion – avant qu'il commence à se lécher. Ne vous inquiétez pas si vous ne décelez pas tous ces signaux : de nombreux chats sont assez cachottiers. Soyez attentif aux signes de stress que révèle le langage du corps ou aux événements susceptibles de déclencher un stress chez le chat, et faites diversion immédiatement. Plus vous serez habile à détecter les signes avant-coureurs du comportement indésirable, meilleures seront vos chances de succès.

Si le vétérinaire conclut que la médication est nécessaire, il pourrait vous recommander un spécialiste du comportement. Avec toute l'attention accordée à la psychopharmacologie dans le traitement du comportement animal, on peut négliger d'autres apports importants que constituent simplement quelques réajustements de l'environnement et la modification comportementale. Assurez-vous de tenir compte de ces aspects dans votre programme de traitement.

L'absence, source d'anxiété

L'une des qualités que beaucoup apprécient chez le chat, c'est sa capacité à rester seul plus longtemps qu'un chien, mais les chats aussi peuvent souffrir de l'absence du maître, quoique les symptômes puissent être différents. Un départ en vacances, des absences plus fréquentes du maître en raison d'une vie sociale plus active, ou une modification de l'horaire de travail peuvent causer de l'angoisse chez le félin. Peut-être êtes-vous passé d'un travail à domicile à un emploi à l'extérieur du foyer ? Soudainement, vos chats, habitués à vous côtoyer toute la journée, ne jouissent plus de votre présence que pour quelques heures le soir. Une telle situation incommode surtout le chat unique, mais pas exclusivement. Tout au début, vous ne vous rendrez peut-être pas compte que votre absence a une incidence sur la dynamique de la maisonnée.

L'anxiété causée par l'absence se manifeste souvent par des problèmes d'élimination. Plutôt que d'utiliser le bac à litière, un chat peut s'échapper sur vos vêtements ou sur votre lit à cause de la forte odeur laissée par votre présence. Le chat pourrait tenter d'atténuer son anxiété en mêlant son odeur à la vôtre, en griffant ou mâchouillant vos effets personnels. Ne punissez pas un chat qui agit ainsi : vous ne feriez qu'aggraver son anxiété. D'autres symptômes peuvent apparaître, par exemple le toilettage exagéré ou l'excès de vocalisation.

Mesures à prendre

Plus que jamais auparavant, vous devez astreindre votre chat à des séances quotidiennes de jeu interactif. Peut-être aurez-vous même à augmenter le nombre de séances. Jouez juste avant de quitter la maison, puis à votre retour, et une dernière fois avant le coucher. Si vous pouviez faire une autre séance au milieu de la soirée ou à tout autre moment, ce serait formidable. Quoi qu'il en soit, il faudrait, à tout le moins, réussir à caser deux ou trois périodes d'exercices par jour.

Un chat qui souffre d'anxiété causée par votre absence doit pouvoir jouir d'un environnement distrayant. Un arbre à perchoirs placé près d'une fenêtre pourrait être un lieu de prédilection pour la sieste de l'après-midi, pour l'escalade, pour faire ses griffes ou pour observer les oiseaux. Si vous le pouvez, installez une mangeoire pour les oiseaux dehors. Fabriquez des tunnels avec des boîtes et de sacs et dissimulez-y des jouets. Pour les chats gourmands, dispersez quelques balles Play-n-Treat.

De nos jours, on trouve de formidables vidéos et DVD destinés au divertissement des chats. Ils mettent en scène des oiseaux, souris, poissons et insectes. Mes chats se ruent sur le téléviseur chaque fois qu'ils entendent les gazouillis de la bande sonore. Passez la vidéo quand vous êtes à la maison. Ainsi, vos chats apprendront à se divertir autrement qu'en restant allongés sur vos genoux.

Si un voisin ou un ami pouvait rendre visite à vos chats durant la journée, il soulagerait un peu leur anxiété. Il pourrait mettre une vidéo dans le magnétoscope ou s'adonner avec eux à une séance de jeu interactif. S'il pouvait répéter l'opération durant toute la première semaine, il pourrait aider vos chats à se faire à votre absence prolongée.

L'étranger, source d'anxiété

Certains chats peuvent faire du charme à toute personne qui franchit le seuil du logement. D'autres se dissimulent sous le lit à la moindre visite. Souvent, les gens qui prétendent que tous les chats les adorent empirent la situation, car ils risquent de prendre les animaux contre leur volonté. Il ne faut que quelques expériences semblables pour convaincre le chat d'aller se cacher quand le carillon retentit.

Les chats établissent eux-mêmes le périmètre de leur zone de confort. Certains ne supportent pas l'intrusion d'un étranger dans leur territoire et ils le surveilleront à distance, ou pourront même se montrer agressifs. D'autres disparaîtront tout simplement sous les meubles. Le simple fait de recevoir des amis à dîner ne devrait pas laisser un chat stressé pour le reste de la nuit.

INFO FÉLINE

Curieusement, souvent les chats aiment les visiteurs qui n'aiment pas les chats ou qui y sont allergiques, parce qu'ils savent qu'ils n'auront rien à craindre. Ils s'approchent d'eux pour flairer leurs odeurs et leur grimpent parfois sur les genoux, sans que les visiteurs tentent quoi que ce soit pour les attirer.

Mesures à prendre

Vous pouvez diminuer la sensibilité de vos chats à l'égard des visiteurs par un simple exercice. En premier lieu, vaporisez du Feliway sur les objets du salon ou de toute autre pièce où vous pourriez recevoir vos visiteurs (à moins que le diffuseur ne soit déjà branché). Ensuite, invitez un ami chez vous, une personne tranquille que la plupart de vos chats aiment déjà. Avant de pénétrer dans la maison, l'ami devra vaporiser du Feliway sur ses souliers et sur le bord de ses pantalons. À son entrée, si le chat effrayé est dans le secteur, l'ami ne s'en occupera pas. Si le chat s'empresse de disparaître dans une autre pièce, laissez-le faire. Prenez place et engagez doucement la conversation pour permettre au chat de se calmer. Au bout d'un certain temps, allez retrouver le chat où il se cache. Fermez la porte pour tenir les autres chats à distance, à moins que leur présence ne soit un réconfort pour le chat effrayé. Permettez-lui de rester encore quelques instants dans sa cachette, puis faites une courte séance de jeu interactif. Ne lui jetez pas le jouet devant les yeux, mais tentez d'attirer son attention sur le mouvement du jouet. Même s'il ne sort pas de sa cachette, vous diminuerez son stress si vous suscitez chez lui un certain intérêt. L'important, c'est que le chat effrayé puisse comprendre, par votre attitude, que « l'envahisseur » ne vous inquiète pas et qu'il devrait en être de même pour l'animal.

Après quelques minutes de jeu (que le chat y participe activement ou non), retournez auprès de votre invité. Laissez la porte de la pièce ouverte. Si le chat n'est pas sorti de sa cachette au bout de quinze minutes, retournez-y pour une autre courte période de jeu décontractée et revenez auprès du visiteur. Si le chat décide simplement de s'asseoir sur le seuil de la pièce, c'est un progrès : il commence à sentir qu'il contrôle quelque peu la situation. Ayez le jouet interactif avec vous et utilisez-le pour attirer le chat, mais ne déplacez pas le jouet en direction de l'invité. Assurez-vous que le déroulement des activités a lieu dans la zone de confort du chat. Si d'autres chats sont aux alentours et qu'ils s'intéressent au jouet, ça va, à moins que cela ne pousse le chat craintif à retourner se cacher.

Après plusieurs visites, l'invité devrait pouvoir amorcer lui-même le jeu interactif avec le chat. Vous pourrez ensuite inviter un autre ami pour que vos chats s'accoutument à différentes personnes.

Des visites chez le vétérinaire moins pénibles

Même si vous tentez d'éliminer le stress de la vie de vos chats, ils doivent bien un jour ou l'autre faire face au vétérinaire. Bien sûr, le chat n'ira jamais à ce rendez-vous de gaieté de cœur, mais nous pouvons rendre sa visite plus supportable.

Mesures à prendre

Commencez dès aujourd'hui à préparer votre chat à la visite chez le vétérinaire. D'abord, amenez-le à la clinique pour une visite de courtoisie. Ainsi, il s'habituera à être transporté dans sa cage, à voyager en automobile, à être caressé par les membres du personnel. Si vous adoptez un nouveau chat adulte et que vous ne savez pas comment il réagira à ce voyage, vous devriez commencer à élever son seuil de tolérance au stress.

Par ailleurs, si votre chat reste calme durant les visites chez le vétérinaire, vous devrez tout de même toujours le transporter dans sa cage. D'abord, il est dangereux de conduire avec un chat en liberté dans l'auto, puisqu'il pourrait vous distraire, ou bloquer l'accélérateur ou la pédale de frein. Cela dit, le chat a toutes les chances de survivre à un accident s'il est dans une cage et si cette cage est retenue par une ceinture de sécurité. Vous pouvez placer la ceinture autour de la cage ou faire une boucle à travers la poignée. Une autre importante raison d'utiliser une cage, c'est que n'importe quel chat peut se mettre à paniquer chez le vétérinaire, à cause de la présence d'autres animaux dans la salle d'attente ou lors d'une intervention particulièrement douloureuse. Si votre chat est très tendu, vous auriez intérêt à utiliser une cage faite de deux parties vissées l'une sur l'autre. Quelquefois, le fait de se tapir dans la moitié inférieure de sa cage réduira son anxiété durant l'examen.

Sauf en cas d'urgence, fixez vos rendez-vous chez le vétérinaire aux heures creuses de la journée. Si votre vétérinaire a l'habitude de prendre du retard, allez-y au début de la matinée. C'est aussi un bon choix si votre chat réagit mal à l'odeur d'autres animaux: la clinique aura été nettoyée durant la nuit ou le matin, et la salle d'attente aura été débarrassée des odeurs des autres clients.

Vaporisez du Feliway sur les coins intérieurs de la cage une vingtaine de minutes avant d'y mettre le chat. Chaque chat devrait être transporté dans sa propre cage pour éviter les agressions qui pourraient survenir à cause du stress. Si vous devez emmener plus d'un chat à la fois, essayez, si possible, de jumeler ceux qui s'entendent bien. Même si chaque chat est dans sa cage, sachez que le fait de les confiner dans un espace exigu et de les emmener dans un véhicule en mouvement peut les angoisser. Si un chat manifeste bruyamment son mécontentement, il peut rendre les autres chats nerveux.

Apportez une serviette mince ou une chemise pour couvrir la cage si votre chat devient nerveux dans le véhicule ou dans la salle d'attente. S'il se comporte bien dans le véhicule, mais panique dans la clinique, retournez attendre dans l'auto. On vous préviendra le moment venu. Vous pouvez vaporiser du Feliway sur la table d'examen avant d'y emmener le chat.

Le mieux est de s'attendre à tout. Certains chats sont craintifs, mais se calment après un certain temps dans la clinique. D'autres, au contraire, semblent calmes, puis ils se mettent brusquement à paniquer. Quand vous connaîtrez bien vos chats, vous pourrez minimiser ces désagréments.

Si un chat doit être hospitalisé, apportez des sacs en papier et quelques tee-shirts imprégnés de votre odeur. Le chat se sentira plus en sécurité s'il lui est possible de se cacher. Demandez à un membre du personnel de faire une bordure au sac, de le placer sur le côté et d'y déposer un tee-shirt. Si le sac est un peu grand pour la cage, il suffit de tirebouchonner la bordure jusqu'à la longueur appropriée.

J'apporte toujours aussi un peu de litière afin que mon chat n'ait pas à subir un changement soudain. Selon le traitement qui l'attend, et si le chat doit s'alimenter durant son séjour à l'hôpital, j'apporte aussi de la nourriture. Plus vous serez en mesure de réconforter votre chat par le rappel de situations familières, mieux ce sera.

Un chat qui est resté à la maison peut parfois se montrer agressif envers celui qui revient de la clinique, ou vice versa. Aménagez une pièce qui pourra servir de refuge temporaire pour le chat convalescent. Il s'imprégnera des odeurs de la maisonnée avant de reprendre contact avec ses compagnons.

ASTUCE FÉLINE : AVANT-PREMIÈRE

Le Felifriend, un produit semblable au Feliway, peut être utile au vétérinaire lors de l'examen d'un chat tendu ou agressif. On se vaporise un peu du produit sur les mains qu'on approche peu après à quelques centimètres du museau du félin. Une fois que le chat a capté les phéromones qui s'en dégagent, il se calme, et le vétérinaire peut l'examiner. Le Felifriend est vendu en Europe, mais devrait être disponible en Amérique du Nord sous peu.

Chapitre 11

....

Le vieillissement et la maladie

D ans un foyer où habitent plusieurs chats, la vie peut se dérouler
doucement pendant des années puis, soudain, survient une
maladie qui entraîne une modification radicale des relations
hiérarchiques. Tous les chats peuvent être affectés, ou seulement quelques-
uns. Lorsqu'un chat tombe malade, il ne s'agit pas simplement d'une
crise individuelle pour ce chat, mais bien d'une crise générale dans la
maisonnée. Préparez-vous à cette éventualité. Le même raisonnement
s'applique au vieillissement, mais dans ce cas les modifications de la
hiérarchie peuvent avoir lieu à long terme et passer pratiquement ina-
perçues. Peut-être ne décèlerez-vous pas de changement, jusqu'au jour
où vous remarquerez qu'un chat n'est plus en mesure de grimper ou
qu'il devient grincheux.

Le chat malade

Un chat contagieux doit être séparé de ses congénères, mais un chat
souffrant d'une maladie chronique non contagieuse peut rester au sein

du groupe moyennant quelques modifications à l'environnement. Par contre, vous pourriez le mettre à l'écart si la douleur ou l'inconfort le rendait agressif ou craintif. L'important est d'éviter d'aggraver le stress d'un chat malade. Assurez-vous que son environnement est sûr et confortable.

L'aîné de la famille féline

Si certains chats de votre foyer sont âgés, vous voudrez sans doute agrémenter leur vieillesse. Cet objectif peut exiger une soigneuse planification si la maisonnée comprend des chats d'âges différents.

Avec l'âge, l'acuité des sens du chat peut décliner. Par exemple, si l'ouïe d'un animal a faibli, approchez-vous lentement de lui pour entrer dans son champ de vision avant de le caresser ou de le prendre dans vos bras. Si le chat a des problèmes de vue, aménagez un accès sécuritaire à ses endroits favoris. Il n'est pas recommandé de déplacer les meubles, les bols de nourriture ou les bacs à litière. Il lui sera d'autant plus facile de se déplacer s'il s'est habitué à ses trajets. Observez de quelle façon la détérioration des sens modifie son comportement avec les autres chats. Assurez-vous qu'il n'est pas alarmé par les enfants ou les chatons, plus enthousiastes.

Un chat malade ou âgé peut descendre dans la hiérarchie, au profit d'individus plus vigoureux. Cela est tout à fait naturel, mais vous voudrez vous assurer qu'un chat âgé ou malade ne deviendra pas le souffre-douleur ou qu'il ne sera pas chassé de ses lieux de prédilection. Observez la dynamique du groupe et ayez recours à la technique de diversion que vous utilisez lors des séances de jeu afin de distraire un chat qui serait agressif. Empêchez les envahissements territoriaux pour que le chat malade ou vieillissant n'ait pas à se faire de souci quand il veut se reposer sur son perchoir, près d'une fenêtre ensoleillée.

Les visites chez le vétérinaire

Le chat vieillissant doit être examiné périodiquement par le vétérinaire. Les problèmes liés à l'âge, comme l'insuffisance rénale, le diabète ou l'arthrite sont courants. Toutefois, un diagnostic précoce permettra d'élaborer des soins qui permettront à l'animal de rester encore longtemps en bonne santé. Surveillez son état physique général, les quantités de nourriture et d'eau qu'il absorbe, et son comportement dans le bac à litière. Sachez cependant qu'un chat âgé ralentit ses activités et dort plus longtemps.

Info féline

Un chat de huit ans est un «aîné». Toutefois, comme chez l'humain, chaque chat vieillit différemment. La longévité d'un chat d'intérieur bien soigné varie de douze à quinze ans.

L'alimentation

Votre vétérinaire peut recommander pour votre chat âgé une préparation alimentaire adaptée à son état ou un régime particulier s'il souffre d'un problème de santé, mais cela peut être difficile à contrôler si le chat désire manger la même chose que ses congénères. De plus, dans certains cas, ce sont les autres chats qui préféreront passer à l'alimentation spéciale de l'aîné!

Pour que votre chat âgé profite des aliments qui lui sont réservés, vous aurez peut-être à modifier ses heures de repas, mais la meilleure solution reste de vous en tenir à une alimentation échelonnée en plusieurs petits repas tout au long de la journée (voir le chapitre 6), parce que son système digestif n'est plus en aussi bon état qu'autrefois. Si l'aîné est écarté du bol communautaire ou s'il ne semble pas obtenir sa part de nourriture, vous pouvez le nourrir à l'écart des autres.

La modification de l'environnement

Autrefois, l'aîné des chats pouvait grimper d'un bond sur la commode, mais aujourd'hui il peut lui être difficile de monter sur sa chaise préférée. Puisque les chats aiment les endroits élevés, vous aurez peut-être à effectuer certaines modifications afin de lui faciliter la tâche.

Les arbres à chats sont merveilleux parce qu'ils permettent aux chats d'atteindre par paliers le perchoir le plus élevé, mais, pour un chat âgé, la distance entre deux perchoirs peut devenir trop grande. Par conséquent, recherchez un arbre comportant de nombreux perchoirs rapprochés, ou ajoutez-y un ou deux perchoirs. Les perchoirs doivent être assez larges pour faciliter l'ascension et la descente, et en forme de U pour offrir un confort optimal. Vous pouvez même mettre une serviette pliée sur chacun d'eux pour les rendre plus moelleux.

Un chat âgé appréciera un perchoir face à une fenêtre ensoleillée. S'il a de la difficulté à l'atteindre, installez une rampe d'accès ou placez un meuble devant. Par contre, s'il préfère des cachettes moins élevées, procurez-lui un lit chauffé ou un lit en forme de A sur lequel vous aurez mis une doublure molletonnée. Placez le perchoir et le lit dans des pièces différentes: cela l'aidera à protéger son territoire tout en continuant à profiter des autres secteurs qu'il apprécie. S'il aimait se coucher sur le lit mais qu'il ne peut plus y grimper, bricolez ou achetez une rampe. Consultez les petites annonces qui se trouvent généralement aux dernières pages de votre magazine favori sur les félins, ou construisez vous-même de petits escaliers, ou faites-les faire par quelqu'un. Selon la hauteur du lit, un escalier devrait comporter deux ou trois marches, larges et recouvertes de moquette.

Le bac à litière

Un chat arthritique peut avoir du mal à entrer dans son bac à litière et à en ressortir. Un bac aux parois basses lui rendra l'exercice plus aisé.

Soyez attentif aux habitudes du chat dans son bac. Vous pourrez ainsi déceler rapidement tout problème de santé. Attendez-vous à ce qu'un chat vieillissant ait certaines mésaventures aux abords du bac. Soyez donc indulgent. Il peut lui être difficile d'arriver à temps si sa vessie est incontinente. Un chat souffrant de diabète ou d'insuffisance rénale peut aussi avoir quelques faiblesses sur ce plan. Peut-être remarquerez-vous un jour qu'un chat a uriné durant son sommeil. À cause d'un affaiblissement des sens, un chat peut dormir plus profondément et se rendre compte trop tard des signaux que lui lance sa vessie. Soyez très tolérant. Toutefois, assurez-vous de faire disparaître rapidement toute trace d'urine sur le chat pour empêcher un échauffement de la peau, réduire le stress que pourrait lui causer le besoin de prolonger sa toilette, et pour éviter que ses compagnons le repoussent. Peut-être aurez-vous à augmenter le nombre de bacs à litière pour qu'un chat vieillissant ne soit jamais très loin de l'un d'eux.

L'odeur étrange de l'urine d'un chat malade ou sous médication peut engendrer de l'anxiété chez certains de ses congénères, au point de les pousser à faire leurs besoins hors du bac. Si cela se produit, ajoutez des bacs. Si un compagnon a peur du chat malade ou se montre agressif envers lui, vous devrez peut-être les séparer.

Le jeu et l'exercice

Un chat âgé n'est peut-être plus capable d'effectuer des sauts acrobatiques ou de se ruer sur un jouet à la vitesse de l'éclair, mais il est tout de même en mesure de s'amuser. D'ailleurs, vous devez inciter votre chat vieillissant à rester actif, car cela contribuera à le maintenir en bonne santé. Pour un système digestif paresseux, rien ne vaut l'exercice pour améliorer les mouvements intestinaux et la circulation. D'un point de vue émotionnel, le maintien des séances de jeu peut aussi éviter au chat vieillissant de devenir trop sédentaire ou dépressif.

Toutefois, vous devrez adapter le déroulement des jeux à la condition physique et à l'état de santé de l'animal vieillissant. Ne forcez pas un chat à effectuer des cabrioles qu'il n'est plus en mesure d'accomplir aisément, comme le saut, la course ou l'escalade. L'ampleur des mouvements d'un jouet ne devra pas excéder les possibilités de l'animal, même s'il faut s'en tenir à l'agiter sur le plancher à quelques centimètres devant lui, et les séances seront plus courtes. Ainsi, le chat aura tout de même du plaisir, même s'il ne s'agit que de donner quelques coups de patte au jouet. La moindre activité d'un chat âgé lui sera bénéfique, mais soyez attentif à ses capacités et à ses désirs. Et, n'exagérez pas…

Un chat âgé n'est plus toujours capable de participer à une séance de jeu interactif avec les jeunes chats de la maisonnée. Prévoyez donc pour lui des séances individuelles. Si vous avez quelques chats âgés qui s'entendent bien, réservez-leur une séance collective. Sinon, faites des séances individuelles adaptées aux besoins de chaque animal.

Même si le chat âgé se conduit comme un jeune et bondit aisément, soyez attentif à ses mouvements au cours de l'exercice. Ne sollicitez pas trop ses articulations en le faisant sauter ou courir après un jouet jusqu'à épuisement. Souvenez-vous qu'une grande part de la technique de chasse du chat consiste à approcher furtivement sa proie. Un chat plus âgé a toujours besoin de cette stimulation.

ASTUCES FÉLINES : RAPPELS SUR LES SOINS AUX CHATS ÂGÉS

- Facilitez l'accès aux aires de repos et aux bacs à litière.
- Surveillez les relations entretenues avec les autres chats.
- Surveillez l'ingestion de nourriture et d'eau; ne donnez pas de restes de table.
- Observez les comportements au bac à litière pour déceler des changements et soyez indulgent en cas de petits dégâts.
- Adaptez la séance de jeu interactif à la condition physique de l'animal.
- Consultez le vétérinaire périodiquement.

- Apprenez aux membres de la famille à bien traiter un chat âgé.
- Brossez et toilettez le chat régulièrement.
- Soyez attentif à l'apparition de bosses ou de protubérances.
- Fournissez, au besoin, une aire privée au chat âgé, à l'écart des autres chats.

La sieste

Le félin âgé adore faire la sieste. Assurez-vous qu'il aura accès aux endroits qu'il préfère et qu'il pourra se reposer sans être dérangé. Si de jeunes chats sont tentés d'attaquer leur aîné endormi, maintenez-les à l'écart durant les siestes.

La mort et le deuil

La perte d'un être cher est toujours pénible. Notre vie en est bouleversée et nous devons puiser en nous-même pour retrouver le chemin de la vie « normale ». Vos chats ressentent cette peine aussi et pleurent la perte d'un membre de la famille ou d'un congénère. Ils ne comprennent pas où cette personne ou cet animal est parti, puis ils constatent que leur univers a changé. Leur maître se comporte étrangement et la hiérarchie féline est chamboulée. Certains se retrouvent seuls.

Dans votre souci de réconforter vos chats chagrinés, peut-être les prendrez-vous ou les caresserez-vous plus souvent, mais soyez prudent dans vos manifestations. Rappelez-vous que les chats sont très sensibles à l'expression des émotions. Pour ne pas leur signifier que c'est la fin de leur monde, maintenez un sain équilibre entre vos caresses et attentions, d'une part, et le jeu interactif, d'autre part. Le jeu sera sûrement le dernier de vos soucis, mais les chats ont besoin de leur routine rassurante. Dans vos conversations, conservez une attitude détachée et un ton de voix normal. Ne changez rien à la manière dont vous caressez vos chats.

Dans un foyer où vivent plusieurs chats, la mort d'un animal change la hiérarchie et un nouvel équilibre s'installe, accompagné de rivalités territoriales. Vous connaissez déjà l'effet que produit l'arrivée d'un nouveau venu sur la hiérarchie et la répartition territoriale. Sachez que le même phénomène se produit à la disparition d'un individu, et l'importance du bouleversement dépendra du statut et de la personnalité du chat disparu. Les chats traverseront probablement une période de chagrin, durant laquelle ils seront à la recherche de leur ami et se tiendront à proximité de ses endroits préférés. Certains émettront des cris plus intenses, d'autres cesseront de s'alimenter. Quelques-uns rechercheront votre attention. Certains se toiletteront exagérément, par anxiété, d'autres s'isoleront. Surveillez les réactions de vos chats afin de déceler au plus tôt des problèmes éventuels. En plus des séances de jeu interactif, ajoutez des divertissements au foyer, par exemple de nouvelles vidéos, des fêtes à l'herbe à chats, etc. Si un chat paraît particulièrement affligé ou s'il cesse de s'alimenter, consultez votre vétérinaire.

Lors du décès d'un chat, attendez que tous, félins et humains, aient fait leur deuil avant d'accueillir un nouveau venu. Celui-ci ne devrait pas avoir à subir les comparaisons désobligeantes, ni à répondre aux attentes déraisonnables, ni à être le « remplaçant ».

Il est bien sûr impossible de prédire le comportement de certains chats face au décès d'un congénère ou d'un membre de la famille, mais faites de votre mieux, restez vigilant et veillez à satisfaire leurs besoins. Vous serez récompensé par leur présence amicale, et ils vous aideront à traverser cette période difficile.

Chapitre 12

. . . .

Une aide salutaire

Les problèmes de comportement peuvent être très complexes. De plus, comme les chats ne peuvent nous dire ce qui les trouble, nous devons avoir recours à nos meilleurs talents de détective. Certains maîtres ont tellement de mal à contrôler leurs émotions dans une telle situation qu'ils en perdent leur objectivité. Certains problèmes, par exemple des comportements agressifs, sont tout simplement trop dangereux pour que vous tentiez de les régler vous-même, mais sachez que l'aide est à portée de main.

Avant de corriger un problème de comportement, il est important de savoir ce qu'est un comportement « normal ». Par exemple, votre chat peut émettre un grondement et manifester une certaine agressivité. Toutefois, s'il agit ainsi face à un chat étranger, c'est normal. Une fois que vous saurez distinguer ce qui est normal de ce qui ne l'est pas, vous pourrez appliquer les solutions appropriées. Si vous êtes confus, consultez un spécialiste.

Comment obtenir l'aide d'un spécialiste

La thérapie comportementale animale est une activité de plus en plus populaire et les possibilités offertes aux propriétaires d'animaux sont plus nombreuses que jamais auparavant. Toutefois, votre première démarche doit être d'en parler au vétérinaire. Plusieurs sont en mesure d'établir un diagnostic et de résoudre certains problèmes comportementaux.

Il s'agit d'abord d'écarter toute cause de nature médicale. Ensuite, il faut tenir compte du dossier médical de l'animal, des conditions environnementales, des autres chats, des animaux de compagnie et des personnes du foyer, du contexte dans lequel s'est manifesté le comportement déviant du chat. Votre vétérinaire aura besoin de ces renseignements extrêmement importants. Vous êtes ses yeux et ses oreilles pour tout ce qui se passe hors de son cabinet.

Après que le vétérinaire a écarté les causes de nature médicale, il peut vous faire rencontrer un spécialiste du comportement animal. Votre vétérinaire pourra sans doute vous donner les renseignements qui vous permettront d'en trouver un.

Certains de ces spécialistes sont compétents, d'autres ne le sont pas. Hélas, n'importe qui peut s'improviser spécialiste du comportement. La meilleure marche à suivre est de consulter celui que vous recommande le vétérinaire ou de rechercher un spécialiste agréé, mais il existe aussi d'excellents spécialistes non agréés.

Le spécialiste du comportement animal est un véritable «détective animalier». Les renseignements que vous lui fournirez sont des indices dont il aura besoin pour cerner le problème, établir un diagnostic et élaborer un traitement. Certains spécialistes se rendent à domicile, d'autres reçoivent en cabinet. S'il n'y a pas de spécialiste dans votre région, sachez qu'on peut en consulter certains par téléphone ou par courriel. Ce n'est évidemment pas la solution idéale: il est préférable que le spécialiste voie l'animal.

Les spécialistes en clinique planifieront les examens nécessaires au diagnostic, alors que ceux qui vont à domicile prendront contact avec votre vétérinaire ou un hôpital pour animaux si des examens biologiques sont nécessaires. Le spécialiste aura besoin d'un historique détaillé du comportement de votre chat. Il posera de nombreuses questions et vous demandera peut-être de remplir un questionnaire avant la consultation.

Une fois le diagnostic posé, le spécialiste dressera le programme de traitement. Rappelez-vous que la modification d'un comportement prend du temps. Un problème de longue date ne se corrigera pas en quelques jours. Le succès du traitement dépend de la capacité du propriétaire à suivre le programme établi.

Les interventions pharmacologiques

Une thérapie par la médication n'est pas une panacée. Pour qu'elle réussisse, il faut lui adjoindre la modification du comportement, mais dans certaines situations ce traitement peut échouer. Si vous ne pouvez amener votre chat à modifier ses réactions, il devra demeurer sous médication toute sa vie. Si vous cessiez la médication, le comportement indésirable pourrait refaire surface. Les drogues psychoactives ne traitent que les symptômes et peuvent masquer le problème réel. Cela dit, elles doivent êtres prescrites par un vétérinaire ou un spécialiste et utilisées avec prudence. Ne donnez jamais à un animal des médicaments destinés aux humains, ni à un chat ce qui a été prescrit à un autre chat. Plusieurs médicaments peuvent entraîner de graves effets secondaires.

L'administration de drogues psychoactives à des chats est tenue pour un « emploi non conforme ». Cette dénomination s'applique aux médicaments destinés aux humains, mais employés en médecine vétérinaire ; à un médicament que l'on donne à une espèce animale, alors que l'autorisation concerne une autre espèce ; ou à tout médicament qui n'a pas reçu l'aval des autorités gouvernementales. Cependant, l'utilisation non conforme en médecine vétérinaire est permise et, dans la plupart des cas, les animaux bénéficient de nombreux et excellents médicaments. Vous devez quand même vous renseigner sur tout médicament prescrit pour votre animal.

Avant de passer à la médication

Le vétérinaire doit faire un examen médical complet et exiger les tests nécessaires au diagnostic. Il faut faire des analyses du sang, dont un hémogramme. On conseille de faire passer au chat un électrocardiogramme, surtout s'il est âgé ou s'il a déjà eu des problèmes de santé.

Ensuite, le vétérinaire doit connaître en détail le comportement antérieur de l'animal, parce qu'un médicament pourrait avoir des effets secondaires néfastes sur le comportement du chat. Tentez toujours de modifier le comportement de l'animal, mais laissez-lui le temps de mener à bien cette transformation.

À la lumière des résultats, le vétérinaire peut vous recommander de consulter un spécialiste. Si le vétérinaire ou le spécialiste prescrit un médicament pour votre chat et que vous n'êtes pas certain de pouvoir lui administrer correctement, demandez si le médicament est disponible sous une autre forme. Par exemple, un pharmacien peut malaxer certains médicaments pour en faire un liquide ou une pâte au goût agréable. Si personne ne peut le faire dans votre quartier, faites des recherches sur Internet pour trouver un fournisseur qui accepterait l'ordonnance de votre vétérinaire. Pour certains médicaments, le vétérinaire doit envoyer l'ordonnance par la poste. D'autres médicaments peuvent être transformés en timbre transdermique que vous appliquez à l'intérieur de la pointe de l'oreille.

La coopération des membres de la famille

Au moment d'entreprendre un traitement du comportement, tous les membres de la famille doivent coopérer pour ne pas transmettre au chat des messages contradictoires. Chacun doit comprendre pourquoi le problème s'est manifesté et comment l'éviter à l'avenir.

AVANT DE COMMENCER LE TRAITEMENT, ASSUREZ-VOUS DE CONNAÎTRE :

• la nature du médicament ;

• ses effets sur le comportement ;

• le temps nécessaire aux changements de comportement ;

• les effets secondaires possibles ;

• le mode d'administration du médicament. Peut-il se mélanger à la nourriture ? doit-il être donné durant le jour, ou au coucher à cause des effets sédatifs ? Doit-il être pris avec de la nourriture ou sur un estomac vide ?

• les modes d'administration alternatifs, par exemple un liquide aromatisé ou un timbre transdermique ;

• le prix des médicaments ;

• la durée du traitement ;

• la méthode de sevrage à la fin du traitement ;

• les examens nécessaires au cours du traitement.

La formation est votre meilleur atout. Prenez donc le temps de bien faire comprendre à tous vos proches quels sont les besoins des chats et de quelle façon ils communiquent. Assurez-vous que chacun comprend bien ce qui pousse le chat à agir ainsi. Par exemple, un enfant peut penser que le chat se conduit mal parce qu'il ne l'aime pas ou parce qu'il veut se venger. Expliquez-lui que tel n'est pas le cas. Une bonne dynamique familiale favorisera le succès du traitement. Inversement, les chats resteront très irritables s'ils vivent dans une famille où les gens se hurlent des insultes. Cela dit, les problèmes ne se régleront pas du jour au lendemain. Il faut s'attendre à ce que la modification du comportement prenne du temps.

Le nouveau foyer et l'euthanasie

Personne n'ose penser à cette éventualité, mais on sent parfois qu'on est au bout du rouleau. Avant d'envoyer un chat dans un autre foyer ou de l'euthanasier à cause de problèmes de comportement, demandez l'avis de votre vétérinaire et même d'un spécialiste. Trop d'animaux sont confiés à des refuges ou éliminés à cause de problèmes comportementaux qui auraient pu être corrigés.

Si la sécurité est en cause et que vous craignez qu'un chat blesse quelqu'un, gardez-le dans un endroit isolé de la maison et demandez conseil à votre vétérinaire.

Parfois, le comportement d'un chat peut s'améliorer dans un milieu différent, puisque le problème peut être déclenché par un stimulus présent chez vous, mais que vous ne pouvez supprimer.

Si vous donnez un chat à cause d'un problème de comportement, vous avez l'obligation morale de divulguer ce problème. Le chat peut se conduire parfaitement bien chez son nouvel hôte, mais celui-ci a le droit de connaître les antécédents de l'animal. Ainsi, le cas échéant, le nouveau propriétaire pourra prendre les mesures appropriées pour tenter à son tour de corriger le problème.

Il est désolant de constater que certains propriétaires tuent leur chat en bonne santé à cause d'un comportement facile à corriger. Si vous songez à euthanasier un chat, demandez immédiatement conseil à votre vétérinaire ou à un spécialiste du comportement. Si ces professionnels vous recommandent d'éliminer l'animal, vous vous en sentirez beaucoup moins coupable. Le fait de participer à un programme de modification du comportement peut vous aider à éviter à l'avenir des problèmes similaires avec un autre animal.

Table des matières

le jour,
éditeur

VIVRE AVEC LA NATURE

Collection « Mon chien de compagnie »

Le cocker américain, Dr Joël Dehasse
Le cocker spaniel, Dr Joël Dehasse
Le colley, Dr Joël Dehasse
Le dalmatien, Dr Joël Dehasse
Le doberman, Dr Joël Dehasse
Le dogue allemand (le danois), Dr Joël Dehasse
L'épagneul breton, Dr Joël Dehasse
Le fox-terrier à poil dur, Dr Joël Dehasse
Le golden retriever, Dr Joël Dehasse
Le husky, Dr Joël Dehasse
Le Jack Russell terrier, Dr Joël Dehasse
Le labrador, Dr Joël Dehasse
Le lhassa apso, Dr Joël Dehasse
Le loulou de Poméranie, Dr Joël Dehasse
Le pékinois, Dr Joël Dehasse
Le pit-bull, Dr Joël Dehasse
Le rottweiler, Dr Joël Dehasse
Le saint-bernard, Dr Joël Dehasse
Les schnauzers, Dr Joël Dehasse
Le setter anglais, Dr Joël Dehasse
Le shar-peï, Dr Joël Dehasse
Le sheltie, Dr Joël Dehasse
Le shih-tzu, Dr Joël Dehasse
Le teckel, Dr Joël Dehasse
Le terre-neuve, Dr Joël Dehasse
Le westie, Dr Joël Dehasse
Le yorkshire, Dr Joël Dehasse

Collection « Guide pas bête »

Mon chien est bien élevé — L'ABC de l'éducation, Dr Joël Dehasse

Mon chien est-il dominant ?, Dr Joël Dehasse

Mon chien est propre — L'ABC de la propreté canine, Audrey Carr et Lou Ellen Davis

Mon jeune chien a des problèmes — Des solutions aux troubles de comportement, Dr Joël Dehasse

Premiers soins pour chiens et chats, Chantale Robinson

Le toilettage maison, Françoise Philie

Votre animal mange-t-il bien ?, Chantale Robinson

Collection « Vivre avec nos animaux »

Le chien qui vous convient, Dr Joël Dehasse

Collection « Nos amis les animaux »

Le chat de gouttière, Nadège Devaux

Le chat himalayen, Nadège Devaux

Chats hors du commun, Dr Joël Dehasse

Chiens hors du commun, Dr Joël Dehasse

Le chinchilla, Dr Manon Tremblay

Le cochon d'Inde, Dr Michèle Pilotte

Le furet, Dr Manon Tremblay

La gerbille, Dr Manon Tremblay

Le hamster, Dr Manon Tremblay

Le lapin, Dr Manon Tremblay

Le lézard, Dr Michèle Pilotte

Le persan chinchilla, Nadège Devaux

Les persans, Nadège Devaux

Le rat, Dr Manon Tremblay
Le serpent, Guy Deland
Le siamois, Nadège Devaux
La souris, Dr Manon Tremblay

Collection « Nos amis les oiseaux »

Attirer les oiseaux, les loger, les nourrir, André Dion, Paul Favreau
  et Michel Marseille
Le cockatiel (perruche callopsite), Dr Michèle Pilotte
Les inséparables, Dr Michèle Pilotte
Le perroquet, Dr Michèle Pilotte
La perruche ondulée, Dr Michèle Pilotte
Les pinsons, Dr Michèle Pilotte
Le serin (canari), Dr Michèle Pilotte

Collection « Des animaux et des hommes »

Bien vivre avec son chat, Connie Jankowski
Les chats nous parlent, Bash Dibra et Élizabeth Randolph
Le chien, un loup civilisé, Evelyne Teroni et Jennifer Cattet
Les chiens nous parlent, Jan Fennell
Comme un chien, Jean Lessard
L'éducation du chat, Dr Joël Dehasse
L'éducation du chien, Dr Joël Dehasse
Parlez-vous chat ?, Claire Bessant

Collection « Aquarium »

L'aquarium d'eau douce, Nick Fletcher
L'aquarium tropical d'eau de mer, Dick Mills
L'aquarium tropical d'eau douce, Gina Sandford
Les carpes, des poissons de toutes les couleurs, K. Holmes, T. Pitham
  et N. Fletcher
L'étang de jardin, Graham Quick

Achevé d'imprimer au Canada
sur les presses des Imprimeries Transcontinental Inc.